首都圏版㉔　**最新入試に対応！家庭学習に最適の問題集!!**

日出学園小学校

2022 年度版　過去問題集

〈問題集の効果的な使い方〉

①お子さまの学習を始める前に、まずは保護者の方が「入試問題」の傾向や、どの程度難しいか把握します。もちろん、すべての「学習のポイント」にも目を通してください

②各分野の学習を先に行い、基礎学力を養いましょう！

③「力が付いてきたら」と思ったら「過去問題」にチャレンジ！

④お子さまの得意・苦手がわかったら、その分野の学習を進め、全体的なレベルアップを図りましょう！

合格のための問題集

日出学園小学校

お話の記憶	お話の記憶 中級編・上級編
言語	Ｊｒ・ウォッチャー 49「しりとり」
推理	Ｊｒ・ウォッチャー 57「置き換え」
図形	Ｊｒ・ウォッチャー 35「重ね図形」
数量	Ｊｒ・ウォッチャー 41「数の構成」

2018～2021年度
過去問題を
掲載
＋
各問題に
アドバイス付!!

日本学習図書（ニチガク）

目指せ！合格！

家庭学習ガイド
日出学園小学校

ペーパー　口頭試問　行動観察　保護者面接

入試情報

応募者数：男子 94 名　女子 95 名
出題形態：ペーパー、ノンペーパー
面　　接：保護者面接、志願者面接（口頭試問）
出題領域：ペーパー（お話の記憶、数量、図形、推理、言語など）、行動観察

入試対策

ペーパーテストの出題範囲は、お話の記憶、数量、図形、常識など多岐に渡ります。本年度は、言語の分野で新しいタイプの出題がありました。例年出題される常識の問題では、マナーに関する質問が出題されます。マナーはすぐに身に付くものではありませんから、早い段階から、交通ルールや電車など公共交通機関での振る舞いを意識した生活をすることが大切です。また、出題範囲が広範なだけでなく、問題数が多いことも特徴として挙げられます。すべての分野で基礎の積み重ねを行い、その上で、解答スピードを意識し、分野を横断するよう心がけてください。

- 当校の 2021 年度入試のペーパーテストでは、引き続き「推理」分野からの出題が多く見られました。「推理」分野の要素もある重ね図形の問題や、決められた約束に従って結果を推理する問題が出題されています。「推理」の問題は、さまざまなジャンルの要素を含んでいます。中でも図形・数量の知識は必要になるので、他分野の問題にも積極的に取り組んでください。
- 記憶の問題は、文章を読み上げ、それについて内容を問う形で出題されています。出題に使用されるのは短い物語ですが、他分野の図形や、数量について述べるものなど、複合的な出題が見られます。単純にお話の内容を問うという形ではないので、聞き取りの際はまず、数字や順番などの点に注意しながら聞くことを意識するとよいでしょう。

「日出学園小学校」について

＜合格のためのアドバイス＞

当校は、高校まで一貫して「なおく　あかるく　むつまじく」として、生きる力を養う総合教育を行っています。また、児童の習熟度などに合わせての少人数制授業や、9教科で専科制がとられ、英語では担当教師のほかに、もう1人の教師が助力し授業を行う、Team Teachingを実施しています。

2016年度入試より、「第一志望入試」と「一般入試」の2回が実施されています。また、出願についてもWeb出願が新しく導入されるなど、志願者のための改革が行われています。学校ホームページ等の情報はしっかりチェックしましょう。

2021年度は、「第一志望入試」が1回、「一般入試」が2回、計3回の入試が実施されました。今年度は、「言語」の分野で新しいタイプの問題が出題されました。また、昨年に引き続き「図形」「常識」「記憶」「推理」などの分野の問題も出題されています。年度によって出題分野が変化するので、ご家庭の学習でも、昨年度だけでなく、それ以前の出題分野も把握しておいた方がよいでしょう。

さらに、「第一志望入試」と「一般入試」すべての入試において、「常識」分野の問題の出題がペーパーではなく、面接時の個別テストとしても出題される形式が定着したようです。個別テストでは、単に絵を見て「どれが悪いか」と聞かれるだけでなく、「なぜ悪いか」というところまで掘り下げて聞かれます。保護者の方はお子さまにマナーについて話す時は、その理由も説明して、お子さまを納得させるようにしてください。

私立小学校では遠距離通学が多いこともあり、道徳やマナーは当校だけでなく、多くの学校が重視されています。保護者の方は生活の中で、よいこと・悪いことの区別ができるように指導しましょう。保護者アンケートでも志望動機のほか、家庭環境、お子さまとのコミュニケーションについての質問があります。

〈2021年度選考〉

◆ペーパーテスト
（第一志望入試：お話の記憶、数量、知識、図形、推理）
（一般入試：お話の記憶、数量、言語、図形、推理）
◆行動観察（模倣体操、ゲーム）
◆保護者面接、志願者面接（口頭試問）

◇過去の応募状況

2021年度	男子	94名	女子	95名
2020年度	男子	148名	女子	87名
2019年度	男子	124名	女子	88名

〈本書掲載分以外の過去問題〉

◆観察：4～5名で海の中の絵を描き、水族館を作る。使用するクレパスは1箱しか用意されていない。［2012年度］
◆観察：5～6名、10分以内でドミノ作り。［2011年度］
◆観察：グループでパズルを完成させる。［2011・2010年度］
◆常識：絵を見て悪いことをしている子どもに印をつける。［2009年度］

日出学園小学校
過去問題集

〈はじめに〉

現在、少子化が叫ばれているにもかかわらず、私立・国立小学校の入学試験には一定の応募者があります。入試は、ただやみくもに学習するだけでは成果を得ることはできません。志望校の過去における出題傾向を研究・把握した上で、練習を進めていくこと、その上で試験までに志願者の不得意分野を克服していくことが必須条件です。そこで、本問題集は小学校を受験される方々に、志望校の出題傾向をより詳しく知って頂くために、過去に遡り出題頻度の高い問題を結集いたしました。最新のデータを含む精選された過去問題集で実力をお付けください。

また、志望校の選択には弊社発行の「**2022年度版 首都圏・東日本 国立・私立小学校 進学のてびき**」をぜひ参考になさってください。

〈本書ご使用方法〉

◆出題者は出題前に一度問題を通読し、出題内容などを把握した上で、〈 準 備 〉の欄に表記してあるものを用意してから始めてください。
◆お子さまに絵の頁を渡し、出題者が問題文を読む形式で出題してください。問題を読んだ後で、絵の頁を渡す問題もありますのでご注意ください。
◆「**分野**」は、問題の分野を表しています。弊社の問題集の分野に対応していますので、復習の際の目安にお役立てください。
◆一部の描画や工作、常識等の問題については、解答が省略されているものがあります。お子さまの答えが成り立つか、出題者が各自でご判断ください。
◆〈 時 間 〉につきましては、目安とお考えください。
◆解答右端の［○年度］は、問題の出題年度です。［2021年度］は、「2020年度の秋から冬にかけて行われた2021年度入学志望者向けの考査で出題された問題」という意味です。
◆**学習のポイント**は、指導の際にご参考にしてください。
◆【**おすすめ問題集**】は各問題の基礎力養成や実力アップにご使用ください。

〈本書ご使用にあたっての注意点〉

◆文中に**この問題の絵は縦に使用してください。**と記載してある問題の絵は縦にしてお使いください。
◆〈 準 備 〉の欄で、クレヨンと表記してある場合は12色程度のものを、画用紙と表記してある場合は白い画用紙をご用意ください。
◆文中に**この問題の絵はありません。**と記載してある問題には絵の頁がありませんので、ご注意ください。なお、問題の絵の右上にある番号が連番でなくても、中央下の頁番号が連番の場合は落丁ではありません。
下記一覧表の●がついている問題は絵がありません。

問題1	問題2	問題3	問題4	問題5	問題6	問題7	問題8	問題9	問題10
					●				
問題11	問題12	問題13	問題14	問題15	問題16	問題17	問題18	問題19	問題20
							●		
問題21	問題22	問題23	問題24	問題25	問題26	問題27	問題28	問題29	問題30
									●
問題31	問題32	問題33	問題34	問題35	問題36	問題37	問題38	問題39	問題40

(得) 先輩ママたちの声！

◆実際に受験をされた方からのアドバイスです。
ぜひ参考にしてください。

日出学園小学校

・試験は２つのグループで同時にスタートしますから、待機している時間はほとんどありません。

・面接ではアンケートと異なる内容が問われました。試験前に、夫婦の間で教育方針などをしっかりと確認しておいてよかったと思いました。

・質問する先生と、後ろでメモをとっている先生がいて緊張しました。
子どもの面接も、質問をする先生とは別に、後ろでメモをとる先生がいたそうです。

・面接は、保護者と子どもが別々の場所で行われました。後で子どもに聞いてみたところ、同じ内容の質問も一部あったようです。

・試験中、保護者はアンケートに答えます。内容は志望動機など一般的なものですが、準備をしておいた方がよいと思います。

・子どもの面接では、マナーについての質問（口頭試問）があったようです。絵を見て「どの子がよくないことをしていますか」という質問に答えたそうです。

・着替えや傘の開閉など生活常識や巧緻性（器用さ）などについてのテストもあったようです。

◎学習効果を上げるため、前掲の「家庭学習ガイド」及び「合格のためのアドバイス」をお読みになり、各校が実施する入試の出題傾向を、よく把握した上で問題に取り組んでください。
※冒頭の「本書ご使用方法」「ご使用にあたっての注意点」も併せてご覧ください。

2021年度の最新問題

問題１　分野：記憶（お話の記憶）　※一般入試

〈準　備〉　鉛筆

〈問　題〉　お話がすぐ始まりますから、よく聞いて覚えましょう。

ある天気のいい日曜日、ウサギさんとネコさんとサルくんは、公園に遊びに行くことにしました。待ち合わせに１番乗りをしたサルくんが待っていると、まもなくネコさんとウサギさんもやってきました。
みんなは最初にすべり台で遊びました。それからブランコに乗って遊びました。最初はネコさんとウサギさんがブランコに乗って、サルくんは背の低いウサギさんのブランコを押してあげました。それからウサギさんはサルくんと交代して、今度はウサギさんがサルくんを押してあげました。ブランコが終わると、みんなはとてもお腹が空いてきたことに気が付きました。公園の真ん中に大きな木があって、その下にベンチがあったので、そこでお昼ごはんを食べることにしました。おいしいおにぎりをたくさん食べて、すぐにお腹いっぱいになりました。お昼ごはんの後、サルくんは大きな木に登って、公園の中を見回しました。すると、公園の１番奥に、大きな砂場があるのを見つけました。サルくんは急いで木から降りて、「ねえねえ、砂場でトンネルを作らない？」と、ウサギさんとネコさんに言いました。ウサギさんとネコさんはとてもよろこんで、「わたし、お城が作りたいわ」「わたしは、大きなプールが作ってみたい」と言ったので、みんなスキップで砂場に行きました。楽しく砂遊びをしていると、だんだん夕方になってきました。けれども、夢中で遊んでいた３匹は、空が夕焼け色になってきたことにも気付きません。「ここにいたの。もう夕方よ、帰りましょう」突然声をかけられて、みんなとてもびっくりしました。見上げると、ネコさんのお母さんが、お迎えに来ていました。みんな急いでお片付けをして、手を洗って、ネコさんのお母さんといっしょにお家に帰りました。楽しい１日でした。

（問題１の絵を渡す）
①お話に出てこなかった動物は、次の中のどれですか。○をつけましょう。
②最初に公園に来たのは誰ですか。○をつけましょう。
③みんなが遊んだ公園にはなかったものは、次の中のどれですか。○をつけましょう。
④みんながお昼ごはんに食べたものは、次の中のどれですか。○をつけましょう。

〈時　間〉　各30秒

問題2　分野：言語（しりとり）　※一般入試

〈準備〉　鉛筆

〈問題〉　問題の絵を見てください。１番長くしりとりをつないだ時につながらない言葉が１つあります。その言葉を表す絵に○をつけましょう。

〈時間〉　各30秒

問題3　分野：図形（重ね図形）　※一般入試

〈準備〉　鉛筆

〈問題〉　透き通った紙に直線で絵を描きました。その絵を左側と右側が真ん中にぴったり重なるように３つ折りにします。すると、どんなふうに見えるでしょうか。正しいものを右の絵の中から選んで○をつけましょう。

〈時間〉　各30秒

問題4　分野：推理（シーソー）　※一般入試

〈準備〉　鉛筆

〈問題〉　ウマ１頭は、イヌ２匹と同じ重さです。イヌ１匹は、ネズミ３匹と同じ重さです。下の段の左側に描いてある動物たちと同じ重さになる組み合わせを、右側の絵から選んで○をつけましょう。

〈時間〉　各30秒

問題5　分野：数量（ひき算）　※一般入試

〈準備〉　鉛筆

〈問題〉　左の絵は、動物とその動物の好きなものです。どちらか足りない方を選んで、足りない数だけ右の絵の四角に○を書きましょう。

〈時間〉　各30秒

問題6　分野：行動観察

〈準備〉　なし

〈問題〉　**この問題の絵はありません。**

【課題１】集団行動（10人のグループに分かれる）
先生がお手本を見せるので、それをよく見て振りつけを覚えてください。その後で、曲に合わせて踊ります。

【課題２】グループ活動
先生が鬼になって、「ダルマさんがころんだ」をします。鬼に捕まった子どもが10人になったら、10人で手をつないだまま走ってゴールします。ゴールできない時も反応を見ます。

〈時間〉　適宜

問題7　分野：面接

〈準備〉　《第一志望》なし
《一般》傘、傘立て

〈問題〉　【保護者の方へ】
・最近、お子さまが１人でできるようになったことは何ですか。
・お子さまの名前は、どのような思いでつけましたか。
・お子さまは、ご家庭でどのようなお手伝いをしていますか。
・本校を志望した理由をお答えください。
・社会人として大切なことは、何だとお考えですか。

【志願者へ】
・最近、１人でできるようになったことは何ですか。
・この学校の名前を答えてください。
・お友だちと遊びに行く時、お家の人に何と言いますか。
《第一志望》
（問題７の絵を見せる）
絵を見てください。この男の子は悪いことをしています。何が悪いのか教えてください。その後、どうして悪いのか説明してください。
《一般》
（あらかじめ用意した傘を、広げた状態で志願者に渡す）
この傘を傘立てにたたんで入れてください。

〈時間〉　保護者、志願者ともに５分程度

家庭学習のコツ①　「先輩ママのアドバイス」を読みましょう！

本書冒頭の「先輩ママのアドバイス」には、実際に試験を経験された方の貴重なお話が掲載されています。対策学習への取り組み方だけでなく、試験場の雰囲気や会場での過ごし方、お子さまの健康管理、家庭学習の方法など、さまざまなことがらについてのアドバイスもあります。先輩ママの体験談、アドバイスに学び、ステップアップを図りましょう！

問題1

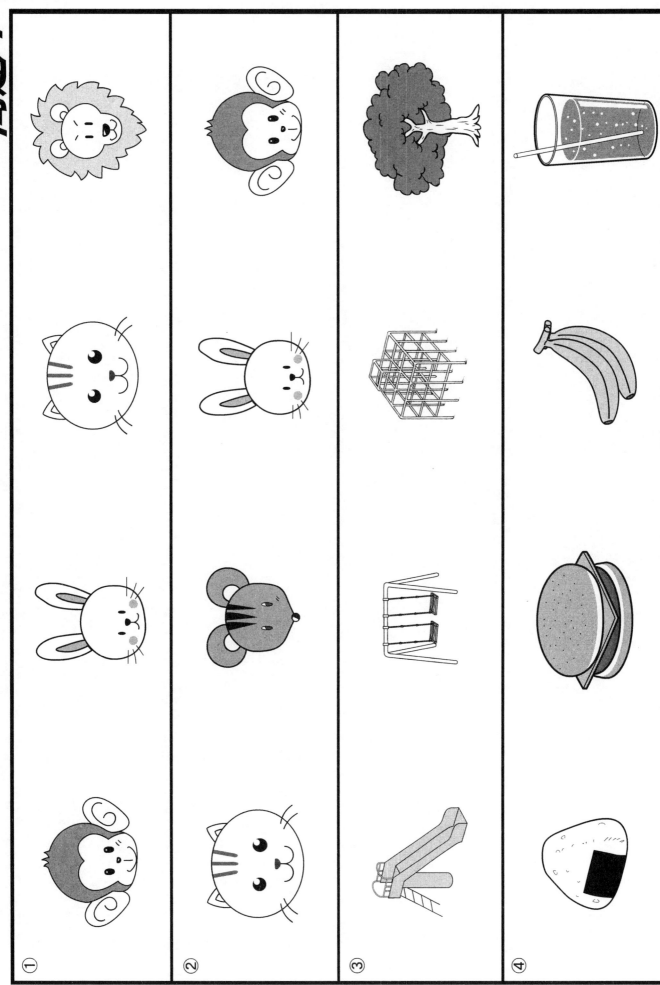

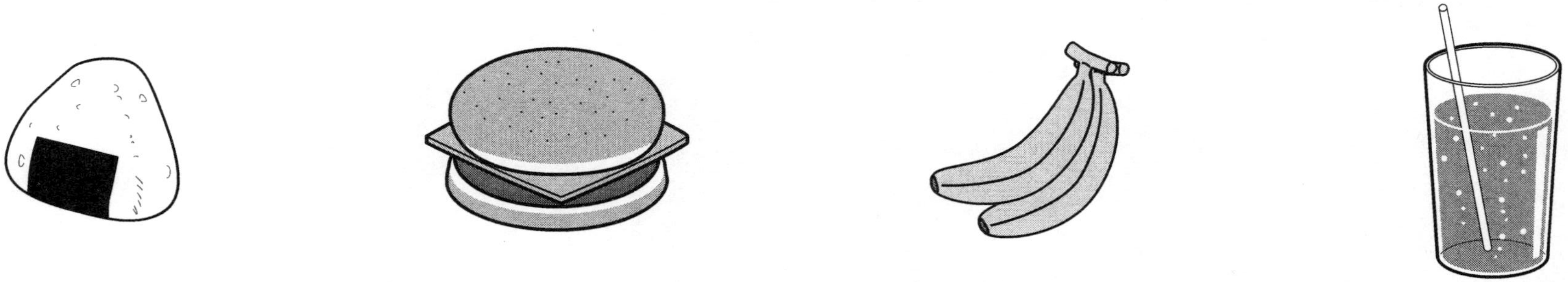

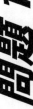

問題 2

①

②

③

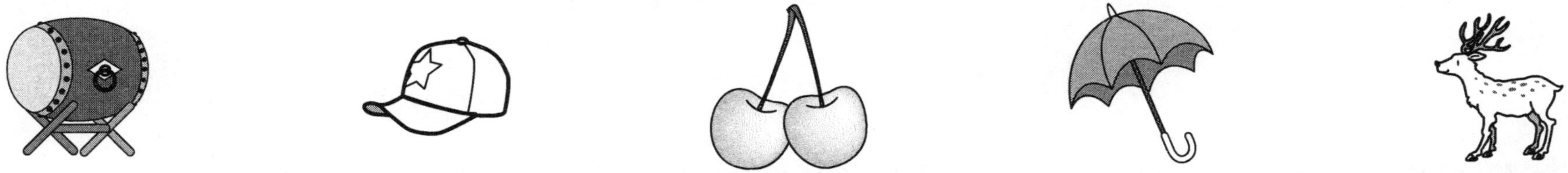

④

⑤

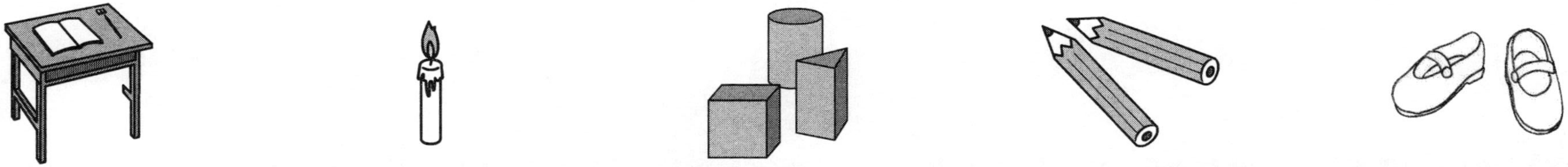

⑥

2022 年度版 日出学園 過去 無断複製／転載を禁ずる 日本学習図書株式会社

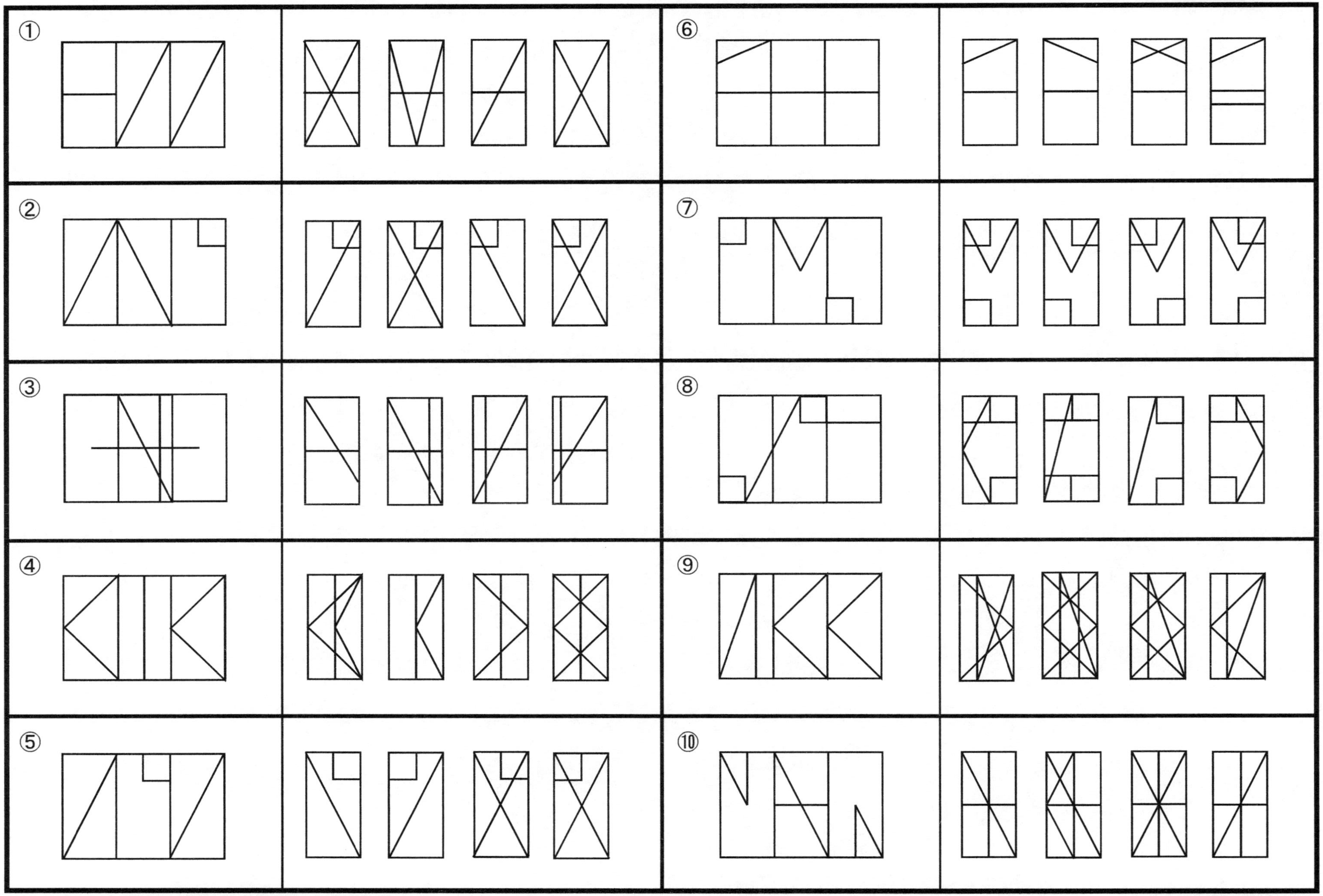

2022 年度版　日出学園　過去　無断複製／転載を禁ずる　日本学習図書株式会社

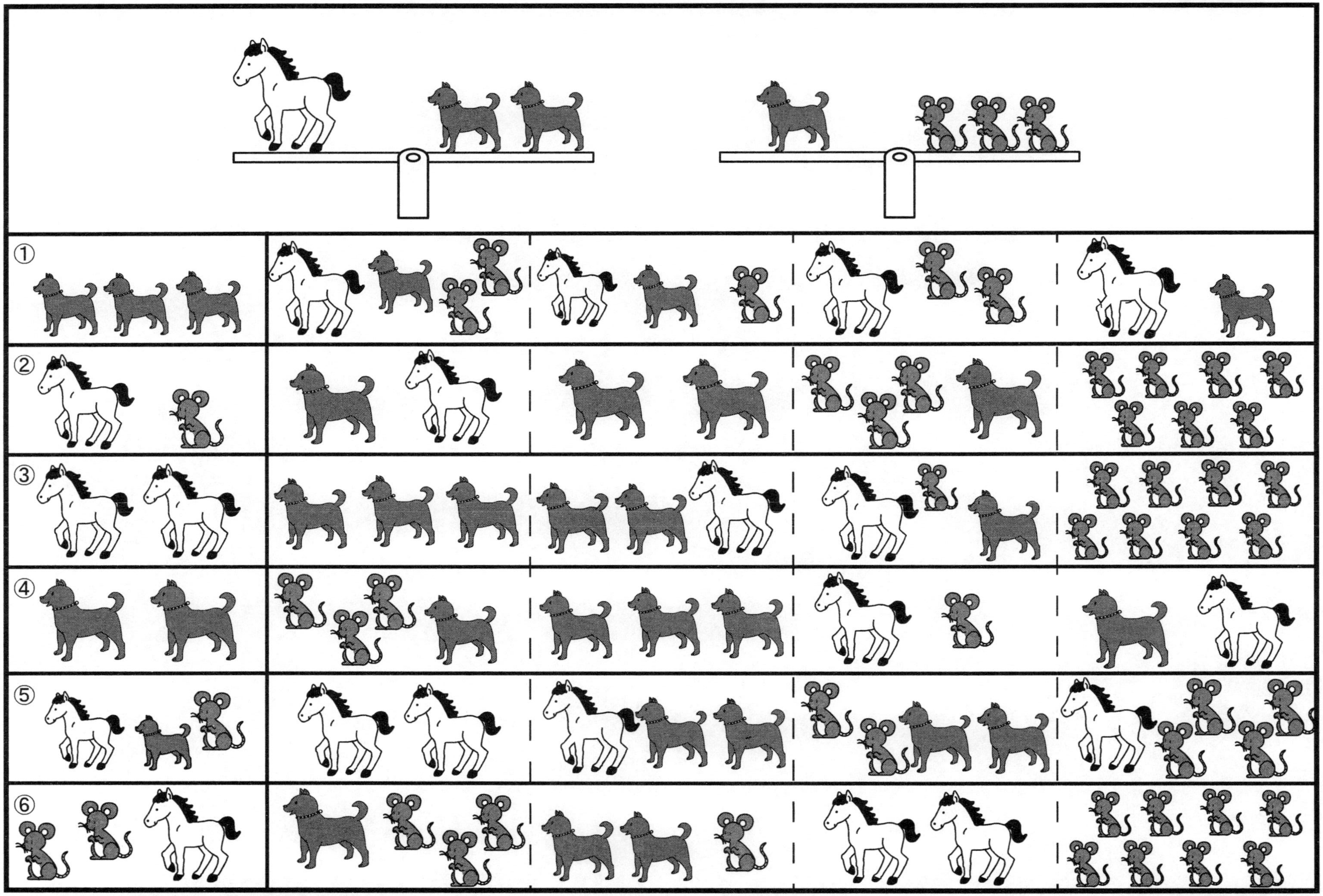

日本学習図書株式会社

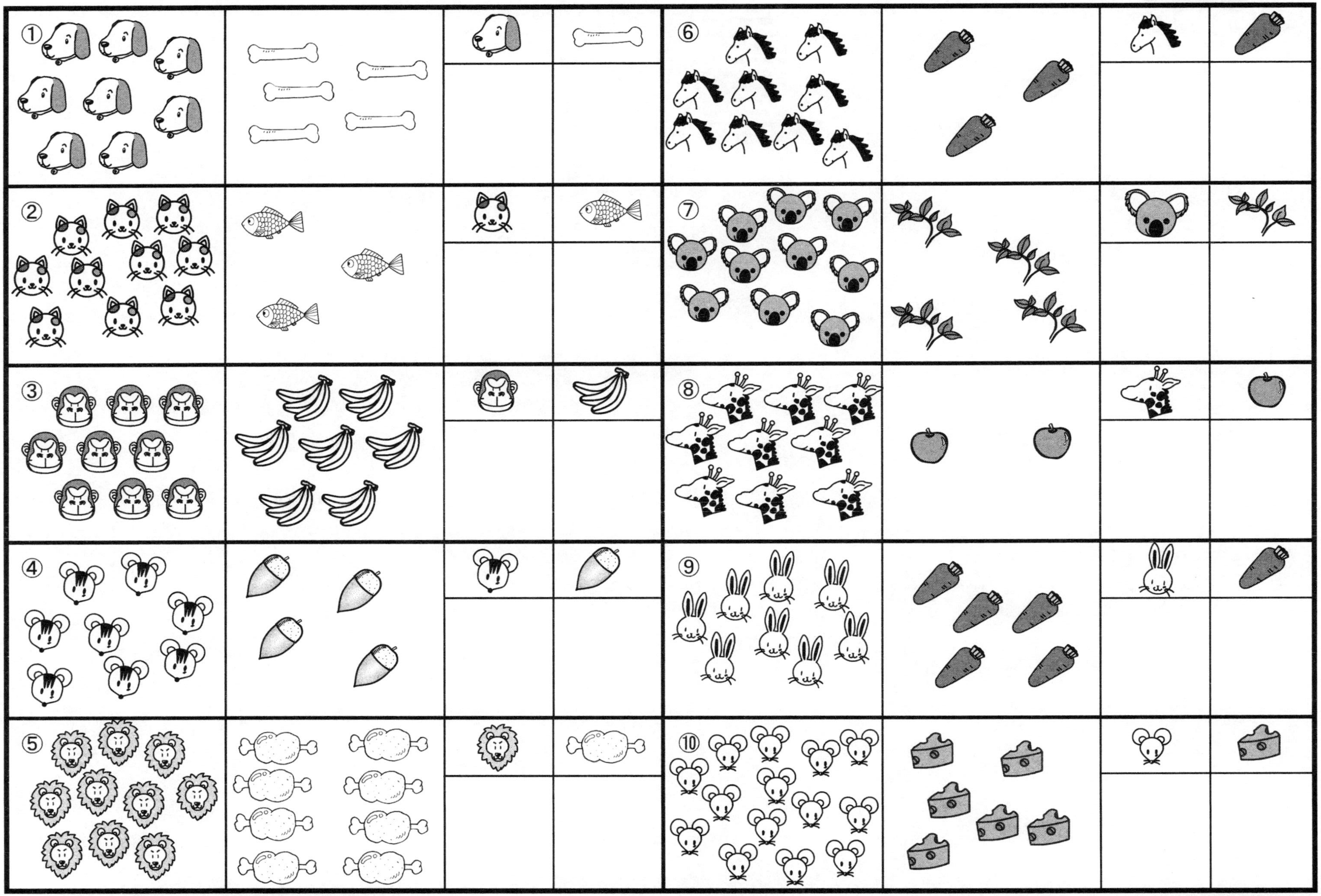

問題7

2021年度入試
解答例・学習アドバイス

解答例では、行動観察・運動といった分野の問題の答えは省略しています。こうした問題では、各問のアドバイスを参照し、保護者の方がお子さまの答えを判断してください。

問題1　分野：お話の記憶

〈解 答〉　①右端（ライオン）　②右端（サル）　③右から２番目（ジャングルジム）
④左端（おにぎり）

当校のお話の記憶の問題は、標準的な長さでやさしい語り口の聞き取りやすいものです。ストーリーはさほど複雑なものではないので、しっかりと聞いていればよく理解できるでしょう。質問されることも、登場人物や場面の中で出てきたものなど、お話を理解して聞いていれば簡単に答えられるものばかりです。注意したいのは、「出てきていない登場人物」「そこにないもの」を選ばせるという質問の形式です。質問を最初の方だけ聞いて、出てきた人物やものに○をつけないように気を付けましょう。質問の最後までしっかり聞いて、早とちりをせずに落ち着いて答えれば、正解が選べると思います。日頃から、読み聞かせの中で、誰が誰とどこで何をしたか、それでどんな気持ちになったか、といったことを確認する習慣をつけておきましょう。

【おすすめ問題集】

１話５分の読み聞かせお話集①②、お話の記憶 初級編・中級編・上級編、
Ｊｒ・ウォッチャー19「お話の記憶」

家庭学習のコツ②　「家庭学習ガイド」はママの味方！

問題演習を始める前に、試験の概要をまとめた「家庭学習ガイド（本書カラーページに掲載）」を読みましょう。「家庭学習ガイド」には、応募者数や試験科目の詳細のほか、学習を進める上で重要な情報が掲載されています。それらの情報で入試の傾向をつかみ、学習の方針を立ててから、対策学習を始めてください。

問題2　分野：言語（しりとり）

〈解答〉　①左から２番目（リンゴ）　②右端（ゴリラ）　③左端（たいこ）
④真ん中（シイタケ）　⑤左から２番目（ろうそく）　⑥左端（コアラ）

しりとりの順番を考えて言葉をつないだうえで、使わなかったものを選ばせる問題です。ポイントは、使わなかった言葉を１つ選ぶことです。
２つ使わない言葉がある時は、使わない言葉を探しながら並べ直すスピードが必要になりますが、使わない言葉は１つだとわかっている場合は、いろいろと言葉を頭の中で並べ替え、組み合わせを試してみることが楽しめればかなり得意になる問題です。名前の言葉の最初と最後の文字でどんな言葉がつながっているか、意外性を楽しみながら練習するとよいでしょう。

【おすすめ問題集】
Ｊｒ・ウォッチャー49「しりとり」

問題3　分野：図形（重ね図形）

〈解答〉　①左端　②右から２番目　③左から２番目　④右から２番目　⑤左端　⑥左から２番目　⑦右端　⑧左端　⑨右から２番目　⑩右から２番目

２つの図形を重ねる問題は、さまざまな学校で出題されている頻出分野ですから、そこまではお子さまも慣れているのではないでしょうか。けれども、今回は観音開きを閉じるような３つ折りの問題です。つまり、１枚の紙を３等分した真ん中の部分に、左側と右側を裏返しにして重ねるのです。どこが境目の折り線なのか、よく見極めて図を頭の中で動かしてみましょう。毎年の例にもれず、やさしい問題から徐々に難しい問題になるように並べてあります。すぐには解けないものがあっても、くじけずによく考えて挑戦してみてください。どうしてもだめな場合は、紙に書き写して３つ折りにしてみましょう。思いがけない図形になった時は、なぜそうなるのかをよく見て、図形がどのように移動しているのかをよく考えてみてください。

【おすすめ問題集】
Ｊｒ・ウォッチャー35「重ね図形」

問題4　分野：推理（シーソー）

〈解答〉①右端　②右端　③左から2番目　④左端　⑤右から2番目　⑥右端

置き換えて考える問題です。約束を示すシーソーの絵から、どの動物がどの動物に変換されるのか、種類だけでなく数の釣り合いも考えながら、質問に答えていきましょう。特に注意したいのは、ウマとネズミのように、直接約束が示されていない組み合わせです。ウマ１頭がイヌ２匹と置き換えられることと、イヌ１匹がネズミ３匹と置き換えられることから、ウマ１頭はネズミ６匹と置き換えられることがわかります。このように、段階を踏んで置き換えの約束を考え、きちんと数えていけば、確実に正解できます。練習を繰り返して、解き慣れておけば確実に正解できますので、根気よく取り組みましょう。

【おすすめ問題集】

Ｊｒ．ウォッチャー33「シーソー」

問題5　分野：数量（ひき算）

〈解答〉①骨に○：３　②魚に○：７　③バナナに○：２　④ドングリに○：４
⑤肉に○：２　⑥ニンジンに○：６　⑦ユーカリに○：６　⑧リンゴに○：７
⑨ニンジンに○：３　⑩チーズに○：８

ひき算の問題です。それぞれの数を数えてひき算するのももちろんよいやり方ですが、それが難しくても、動物に好物を公平にあげるにはどうしたらよいか、１対１対応で印をつけて数えてみると、どちらがいくつ足りないのかがすぐにわかります。当校の問題の特徴は、10に近い数を数えさせていることです。この問題もやさしいものから少しずつ難しくなるように並べられていますから、１番最後の問題が１番難しいのですが、この問題は繰り下がりのひき算です。暗算でできるようにしておく必要はありませんが、ネズミとチーズを結びつけて数えていく作業をスムーズに手早くできるように、よく練習しておきましょう。

【おすすめ問題集】

Ｊｒ・ウォッチャー38「たし算・ひき算１」、39「たし算・ひき算２」

問題6　分野：行動観察

第一志望入試と一般入試では内容が違いますが、5～10人程度のグループで2種類の課題を行う点は同じです。集団行動においては、自分だけ課題ができていればよいというものではありません。行動観察は、入学後の集団生活を意識した出題だからです。ですから、みんなといっしょに課題に取り組むことが、合格には必要だと言えるでしょう。大切なことは、うまく行かなかった時にもどうするか、反応を見ているということです。ショックを引きずらず、あきらめずに粘り強く取り組む姿勢を見せることが大切です。そのためには、日頃からお子さまが失敗した時にも、前向きに捉えられる声がけを意識して行うことです。

【おすすめ問題集】
新運動テスト問題集、Ｊｒ・ウォッチャー28「運動」

問題7　分野：面接

面接は行動観察の後に行われました。保護者の方と志願者が、別々の部屋に入り、質問に答える形式でした。志願者のみ、作業の課題があり、絵を見て質問に答えたり、渡された道具を使ったりする、口頭試問形式の問題がありました。質問の内容は、保護者、志願者ともに、考え方に関するものが多かったようです。保護者の方への質問は、お子さまをよく観ているか、お子さまに将来どんな子に育ってもらいたいかといった点に注目しています。お子さまの成長をしっかりと見守り、入学後に小学校の方針に協力してくれるかどうかを確かめているようです。志願者への質問は、１人でできることをやろうとする自立心や、遊びに行く前に一言かける、お子さまの人間性を観ているようです。
第一志望入試では、作業の課題においてマナーの問題が出題されます。ここ数年は、口頭試問形式による出題です。悪いことを指摘するだけでなく、なぜその行動が悪いのか、お子さまの考えも説明しなくてはいけません。マナーを教える時は、単に良し悪しを決めつけるだけでなく、なぜその行動が悪いのか、理由も含めて教えるようにしてください。一般入試の作業も、マナーに関する出題です。多くの人が傘を傘立てに入れられるように、傘をきれいにたたんで入れる習慣を身に付けておきましょう。畳む前に水を切る時も、ほかの人に水がかからないようにできるとよいでしょう。

【おすすめ問題集】
新 小学校受験の入試面接Ｑ＆Ａ、面接テスト問題集、
新・保護者のための面接最強マニュアル

家庭学習のコツ③　効果的な学習方法～問題集を通読する

過去問題集を始めるにあたり、いきなり問題に取り組んではいませんか？　それでは本書を有効活用しているとは言えません。まず、保護者の方が、すべてを一通り読み、当校の傾向、ポイント、問題のアドバイスを頭に入れてください。そうすることにより、保護者の方の指導力がアップします。また、日常生活のさまざまなことから、保護者の方自身が「作問」することができるようになっていきます。

日出学園小学校　専用注文書

年　　月　　日

合格のための問題集ベスト・セレクション

＊入試頻出分野ベスト３

1st　お話の記憶　聞く力　集中力

2nd　数　量　観察力　集中力

3rd　図　形　考える力　観察力　集中力

ペーパーテストの出題範囲は多岐にわたります。１つの分野につき出題される問題数が多いため、解答スピードが求められます。思考力を要する推理・数量などの複合問題にも注意しましょう。

分野	書　名	価格(税込)	注文	分野	書　名	価格(税込)	注文
図形	Ｊｒ・ウオッチャー 10「四方からの観察」	1,650 円	冊	数量	Ｊｒ・ウオッチャー 41「数の構成」	1,650 円	冊
常識	Ｊｒ・ウオッチャー 11「いろいろな仲間」	1,650 円	冊	図形	Ｊｒ・ウオッチャー 46「回転図形」	1,650 円	冊
常識	Ｊｒ・ウオッチャー 12「日常生活」	1,650 円	冊	推理思考	Ｊｒ・ウオッチャー 47「座標の移動」	1,650 円	冊
数量	Ｊｒ・ウォッチャー 15「比較」	1,650 円	冊	図形	Ｊｒ・ウオッチャー 53「四方からの観察ー積み木編ー」	1,650 円	冊
言語	Ｊｒ・ウォッチャー 18「いろいろな言葉」	1,650 円	冊	常識	Ｊｒ・ウォッチャー 56「マナーとルール」	1,650 円	冊
記憶	Ｊｒ・ウォッチャー 19「お話の記憶」	1,650 円	冊	推理思考	Ｊｒ・ウォッチャー 57「置き換え」	1,650 円	冊
巧緻性	Ｊｒ・ウォッチャー 25「生活巧緻性」	1,650 円	冊	推理思考	Ｊｒ・ウォッチャー 58「比較 2」	1,650 円	冊
観察	Ｊｒ・ウォッチャー 29「行動観察」	1,650 円	冊	言語	Ｊｒ・ウォッチャー 60「言葉の音（おん）」	1,650 円	冊
観察	Ｊｒ・ウォッチャー 30「生活習慣」	1,650 円	冊		面接テスト問題集	2,200 円	冊
推理思考	Ｊｒ・ウォッチャー 31「推理思考」	1,650 円	冊		1話5分の読み聞かせお話集①②	1,980 円	各　冊
常識	Ｊｒ・ウォッチャー 34「季節」	1,650 円	冊		お話の記憶　中級編・上級編	1,980 円	冊
図形	Ｊｒ・ウォッチャー 35「重ね図形」	1,650 円	冊		小学校受験で知っておくべき 125 のこと	2,860 円	冊
数量	Ｊｒ・ウォッチャー 37「選んで数える」	1,650 円	冊		新 小学校受験の入試面接Ｑ＆Ａ	2,860 円	冊
数量	Ｊｒ・ウォッチャー 40「数を分ける」	1,650 円	冊		新 願書・アンケート文例集 500	2,860 円	冊

合計	冊	円

（フリガナ） 氏　名	電　話 ＦＡＸ E-mail
住　所　〒　　　　ー	以前にご注文されたことはございますか。 有　・　無

★お近くの書店、または記載の電話・FAX・ホームページにてご注文をお受けしております。
電話：03-5261-8951　FAX：03-5261-8953　代金は書籍合計金額＋送料がかかります。
※なお、落丁・乱丁以外の理由による商品の返品・交換には応じかねます。

★ご記入頂いた個人に関する情報は、当社にて厳重に管理致します。なお、ご購入の商品発送の他に、当社発行の書籍案内、書籍に関する調査に使用させて頂く場合がございますので、予めご了承ください。

日本学習図書株式会社
http://www.nichigaku.jp

問題8　分野：記憶（お話の記憶）　※第一志望入試

〈準 備〉　鉛筆

〈問 題〉　お話がすぐ始まりますから、よく聞いて覚えましょう。
たろうくんは、お父さんとお母さん、そして妹のあいちゃんとバスに乗ってお出かけをしました。お昼ごはんは、レストランで食べました。たろうくんとあいちゃんはスパゲッティ、お父さんはハンバーグ、お母さんはオムライスを食べました。その後、みんなで映画を観ました。そして、帰りにデパートで買いものをしました。たろうくんとあいちゃんは、新しいスニーカーを買ってもらいました。たろうくんは黒で、あいちゃんは青にしました。とても気に入ったので、今すぐ履いて帰りたかったけれど、雨が降っていたので我慢することにしました。お父さんは新しいネクタイを買いました。お母さんは素敵なお洋服を買いました。たくさん買いものをして荷物が多くなったので、タクシーで帰ることにしました。夕飯はデパートで買ってきた材料を使って、みんなでカレーとサラダを作って食べました。たろうくんは包丁でジャガイモとニンジンとタマネギを切りました。野菜はコロコロと転がるので、むずかしかったけれど、お父さんに教えてもらって最後には上手にできました。あいちゃんはレタスやトマトを水で洗うお手伝いをしました。自分たちで作ったカレーとサラダはとってもおいしかったようです。

（問題８の絵を渡す）
①みんなは何に乗ってでかけましたか。１つ○をつけましょう。
②いっしょにお出かけに行かなかったのは誰ですか。１つ○をつけましょう。
③たろうくんとあいちゃんは何を買ってもらいましたか。１つ○をつけましょう。
④帰りは何に乗って帰りましたか。１つ○をつけましょう。
⑤夕飯は何を食べましたか。２つ○をつけましょう。

〈時 間〉　各30秒

〈解 答〉　①左端（バス）　②左から２番目（おじいさん）
③左から２番目（スニーカー）　④右から２番目（タクシー）
⑤左端（カレー）

［2020年度出題］

学習のポイント

第一志望入試はほかの試験より基礎的な問題が出題されるようです。当校のお話の記憶は、もともとお話が短く、しかも「お話に登場したものを選びなさい」といった基本的な設問ばかりの問題ですが、第一志望入試では、さらにわかりやすい話の展開、設問で出題されているということになります。そうすると、この問題で評価できるのは、記憶力や集中力といったものではなく、年齢相応の語彙と理解力といったところでしょう。ある程度の練習は必要でしょうが、特別な工夫や努力が必要なものではありません。保護者の方も「ふつうに理解できていればよい」程度の見方で、お子さまの答えと答える過程をチェックしてください。もちろん、勘違いや記憶の混乱が原因の誤答をしないように、情報を整理して覚える、場面を思い浮かべるなどの訓練は必要ですが、神経質になることはありません。

【おすすめ問題集】
　１話５分の読み聞かせお話集①・②、お話の記憶 初級編・中級編・上級編

問題9　分野：数量（置き換え）　※第一志望入試

〈準備〉　鉛筆

〈問題〉　1番上の段を見てください。野菜やお菓子がコイン何枚で買えるかが描かれています。それぞれの段の左の四角に描かれているものを買う時、コインは何枚必要でしょうか。右の四角にその数だけ○を書いてください。

〈時間〉　各30秒

〈解答〉　下図参照

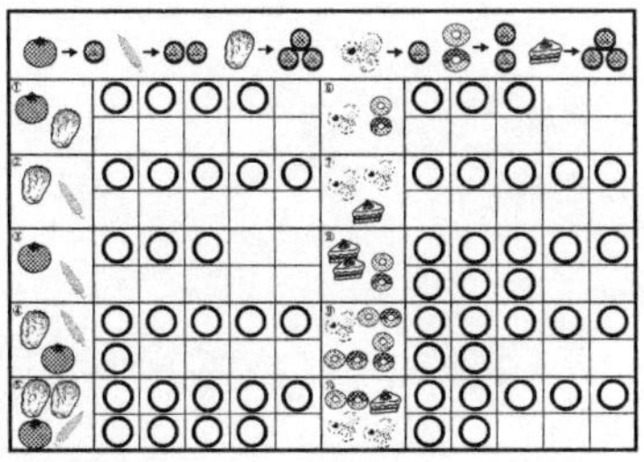

［2020年度出題］

学習のポイント

「何かを買う」ということは「お金とものを置き換える」とも言い換えられるので、この問題は置き換えの問題としています。小学校受験ではかけ算や割り算は使えないので、ものをコインに１つひとつずつ置き換えるという形で答えていきます。ポイントは混乱しないことです。ややこしいと感じるなら、答えを書く前にイラストに印をつけるなどの工夫をしてもよいでしょう（解答記号と間違えられるといけないので、「○」は使わない方がよいですが）。例えば、クッキーとドーナツ描いてあるマスには「✓」を５つ書くわけです。試験までには、絵を見てコインの数がイメージできるようになっておいた方がよいとは思いますが、はじめて見る問題であればそういった解き方で充分です。確実に答えていきましょう。

【おすすめ問題集】

Ｊｒ・ウォッチャー14「数える」、57「置き換え」

問題10　分野：常識（季節）　※第一志望入試

〈準備〉　鉛筆

〈問題〉　1番上の段を見てください。絵の下にある記号は絵の季節を表しています。同じようにそれぞれの絵の下の四角に季節を表す記号を書いてください。

〈時間〉　1分

〈解答例〉　下図参照

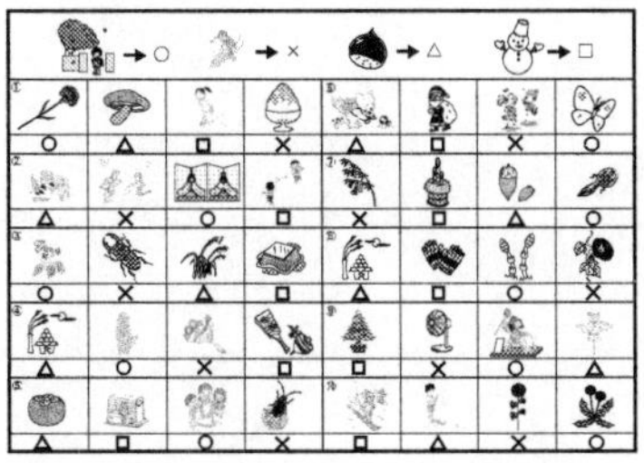

※季節が特定しにくいものについては編集部判断の解答です。

［2020年度出題］

学習のポイント

「春は○、夏は×、秋は△、冬は□で答える」という解答方法の説明が事前に行われます。当校入試ではこうした説明があるので、問題文は集中して聞いておきましょう。常識問題でお子さまが戸惑うとすれば、最近ではさまざまな理由で行わなくなった行事や使わなくなった生活用品、環境の変化によって目にしなくなった自然、季節感のなくなった野菜や花といった知識が出題された時です。この問題でもいくつかそういったものが出題されています。お子さまが知らないものは家庭によって違うので、教えるべき知識も当然違うでしょう。躾と同じでお子さまや家庭環境にあわせた指導が必要になるので、保護者の方はお子さまの興味や性格も考えた上で知識を学ばせるようにしてください。

【おすすめ問題集】

Ｊｒ・ウオッチャー11「いろいろな仲間」、12「日常生活」、34「季節」

問題11　分野：図形（重ね図形）　※第一志望入試

〈準備〉　鉛筆

〈問題〉　左の２枚のお手本の絵は透き通った紙に書いてあります。左側のお手本をそのままずらして右側のお手本の上に重ねるとどんな絵になりますか。右の四角から探して正しいものに○をつけてください。

〈時間〉　各30秒

〈解答〉　下図参照

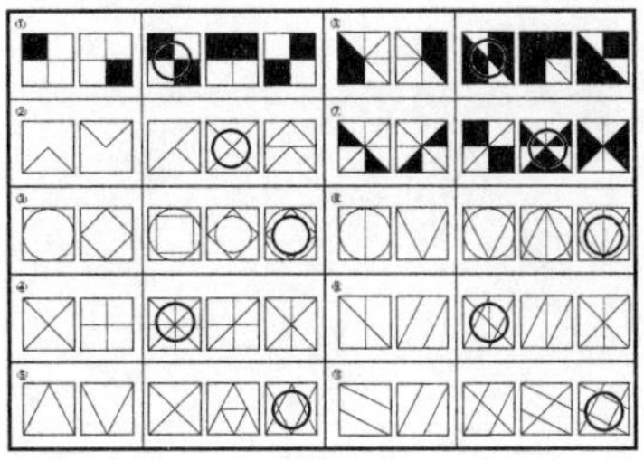

[2020年度出題]

学習のポイント

重ね図形の問題です。さまざまな形が出題されていますが、単純に形を重ねるだけなので難しい問題ではありません。基本的な考え方は右側の形を左側の形に重ねると、1.どの線（形）が増えるのか、2.どの線（形）が重なるのかと考えていきます。この時、ピッタリと重なる線（図形）があるかどうかに注意してください。間違えるとすれば、このポイントです。また、イメージの中で図形全体を一度で重ねられないようであれば、図形を分割してから重ねてみてください。①のようにマス目で区切られている図形なら左上、左下、右下、右上と円を描くように重なった図形をイメージしていくのです。「選択肢の中から正解を選ぶ」という問題の場合、間違いがあれば次の選択肢に移るということができるので時間の節約にもつながるでしょう。

【おすすめ問題集】

Ｊｒ・ウォッチャー35「重ね図形」

問題12 分野：推理（座標の移動） ※第一志望入試

〈準備〉 鉛筆

〈問題〉 **この問題の絵は縦に使用してください。**
階段でクマさんとウサギさんがジャンケンをします。ジャンケンをして勝った方は２段あがり、負けた方はそのままの段にいます。あいこなら２人とも１段あがります。
（問題12の絵を渡して）
①クマさんとウサギさんがこの絵の位置でジャンケンをしてクマさんが勝ちました。クマさんのいるところに○をつけましょう。
②クマさんとウサギさんがこの絵の位置でジャンケンをして、ジャンケンはあいこでした。ウサギさんのいるところに△をつけましょう。
③クマさんとウサギさんがこの絵の位置で２回ジャンケンをして、ウサギさんが２回勝ちました。ウサギさんのいるところに△をつけましょう。
④クマさんとウサギさんがこの絵の位置で２回ジャンケンをして、１回目はウサギさんが勝ち、２回目はあいこでした。クマさんのいるところには○、ウサギさんのいるところには△をつけましょう。
⑤クマさんとウサギさんがこの絵の位置で３回ジャンケンをして、１回目と2回目はクマさんの勝ち、３回目はウサギさんが勝ちました。ジャンケンが終わった時、２人がいるのはどこですか。クマさんのいるところには○を、ウサギさんのいるところには△をつけましょう。

〈時間〉 各15秒

〈解答〉 下図参照

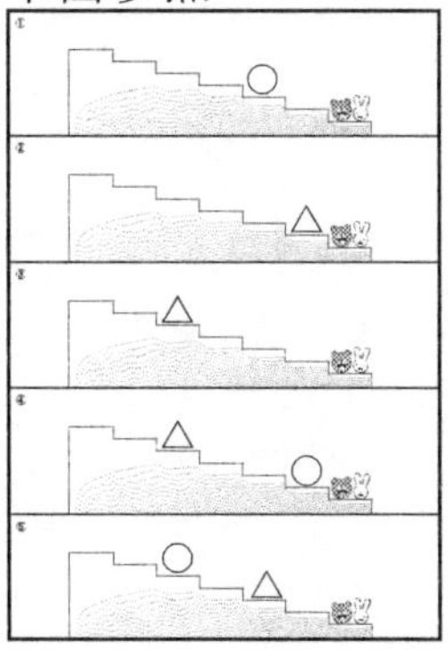

［2020年度出題］

学習のポイント

推理分野、座標の移動の問題です。ジャンケンをしてどちらがいくつ動くという共通の設定があり、①～⑤までジャンケンの回数や結果の状況によって答えが変わってきます。当たり前の話ですが、共通の設定をよく把握してからそれぞれの問題を考えるようにしましょう。設定が単純なせいか、見本あるいは設定を表した絵がないので、聞き流してしまうと取り返しがつきません。移動自体はせいぜい一方向２回の移動ですから、混乱することはないはずです。また、ここでもクマは○、ウサギは△と答えの記号が置き換えられています。位置は正解でも記号が違っていると減点されるので、答え方を含めて問題文は最後まで聞いておくようにしましょう。当校の入試では「答え方」も評価の対象なのです。

【おすすめ問題集】
Ｊｒ・ウォッチャー31「推理思考」、32「ブラックボックス」、47「座標の移動」

問題13　分野：記憶（お話の記憶）　※一般入試１回目

〈準備〉　鉛筆

〈問題〉　お話がすぐ始まりますから、よく聞いて覚えましょう。

今日は日曜日です。ひろしくんはお父さんと動物園に行くので、朝からワクワクしています。台所に行くと、お母さんが水筒を用意してくれていました。中身は、ひろしくんが大好きな冷たい麦茶です。ひろしくんの住む町から、動物園へは電車に乗って２駅です。ひろしくんとお父さんは電車に乗って動物園へ向かいました。動物園に着くと、ちょうどエサやりの時間だったので最初ににライオンを見に行きました。ライオンはおいしそうにお肉を食べていました。ひろしくんは立派なたてがみがかっこいいと思いました。次に、コアラを見に行きました。コアラは、木の上ですやすやと寝ていました。ひろしくんはコアラが起きているところを見たかったので何度も「コアラさん！」と呼びましたが、起きませんでした。お父さんに「どうしてお昼なのにコアラはずっと寝ているの？」と聞くと、「コアラはたくさん寝る動物なんだよ。１日のうちほとんど寝ているんだ」と教えてくれました。すると、雨が降ってきたので、レストランで雨宿りをして、お昼ごはんを食べることにしました。レストランでは、ひろしくんはカレーライス、お父さんはスパゲッティを食べました。食べ終わる頃には雨がやんだので、首の長いキリン、鼻の長いゾウ、シマウマを見に行きました。お父さんが「キリンとゾウとシマウマは１日のうちほとんど寝ないんだよ」と教えてくれました。動物によって寝る時間の長さが違うんだ、とひろしくんは驚きました。最後におみやげ屋さんに寄ってお母さんにおみやげを買うことにしました。ひろしくんはとても迷ったけれど、かわいらしいコアラのキーホルダーに決めました。

（問題13の絵を渡す）
①ひろしくんは誰と動物園に行きましたか。１つ○をつけましょう。
②何に乗って出かけましたか。１つ○をつけましょう。
③たくさん寝る動物はどれですか。１つ○をつけましょう。
④ひろしくんとお父さんがお昼ごはんに食べたものはどれですか。２つ○をつけましょう。
⑤ひろしくんが見なかった動物はどれですか。２つ○をつけましょう。

〈時間〉　各30秒

〈解答〉　①左端（お父さん）　②左から２番目（電車）　③右から２番目（コアラ）
④左端、左から２番目（カレー・スパゲッティ）
⑤左端、右端（パンダ、サル）

［2020年度出題］

学習のポイント

第一志望入試よりは長文ですが、小学校入試では標準的な内容です。難関校を目指しているお子さまなら、スムーズに答えられて当然でしょう。ただし、お話の細部まで記憶しておかないと④⑤など「2つ答えのある質問」には対応できないので、出題されそうなポイントは押さえながらお話を聞いておく必要はあります。登場人物は2人、しかも親子なので自然と「誰が何を言い、行ったか」は自然と覚えられますが、動物や食べものはそれなりの数で登場しますから、イメージしながらお話を聞いておくべきです。「コアラを見るひろしくん」「レストランでお昼ごはんを食べる2人」といった場面をイメージします。イメージすることによって情報が整理され覚えやすくなり、細部もカバーできるのです。問題文は「2つ○をつけましょう」と答えの数まで親切に教えてくれています。問題文の理解も当校入試では大きなポイントの1つですから、最後まで聞いてから答えるという姿勢は崩してはいけません。なお、一般入試の2回目の「お話の記憶」はこの問題より少しやさしい問題が出題されたようです。

【おすすめ問題集】

1話5分の読み聞かせお話集①・②、お話の記憶 初級編・中級編・上級編

問題14　分野：数量（数の構成）　※一般入試1回目

〈準 備〉　鉛筆

〈問 題〉　左端の絵に描かれているものの数にするには、右のどの絵とどの絵を組合わせるとよいですか。○をつけましょう。

〈時 間〉　各30秒

〈解 答〉　下図参照

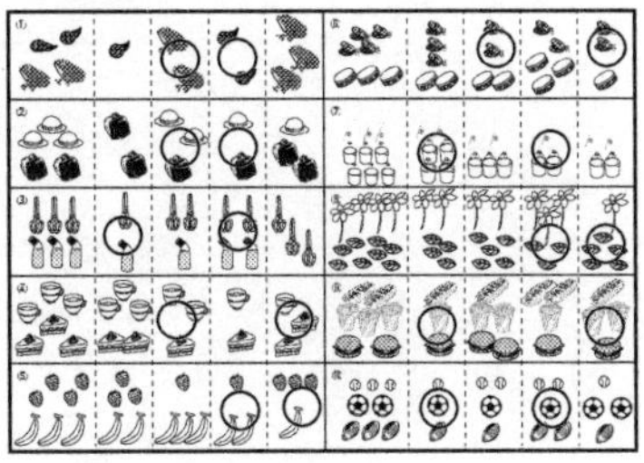

［2020年度出題］

学習のポイント

最近の入試で出題の多い「数の構成」の問題です。数に関する基本的な認識があるかどうかを確かめるという意味で出題されます。数に対する基本的な認識というのは、10くらいまでのものなら指折り数えなくてもいくつあるかがわかったり、どちらが多い・少ないがわかる、ということです。ここではその応用で「たして～になる数の組み合わせ」を聞いています。ここでは構成するものの数が大きくない（最大で８個）代わりに、２～３種類のものの合計数を同時に考える必要があり、そこが問題のポイントになっています。例えば②なら、ハサミは合計３本になり、同時にのりが２個になる組み合わせを選ぶのですが、その時ハサミが３本になっているだけでは不正解、という認識がないと答えを出すのに時間がかかって仕方ありません。これを避けるには同時に条件を満たすカードを探すよりも、ハサミの条件を満たすカードの組み合わせをまず見つけ、その中でのりの条件を満たしている組み合わせを選ぶと考えましょう。少しは早く答えられるはずです。

【おすすめ問題集】

Ｊｒ・ウォッチャー14「数える」、41「数の構成」

問題15　分野：常識（季節）　※一般入試１回目

〈準 備〉　鉛筆

〈問 題〉　１番上の段と同じようにそれぞれの絵の下の四角に記号を書いてください。

〈時 間〉　１分

〈解答例〉　下図参照

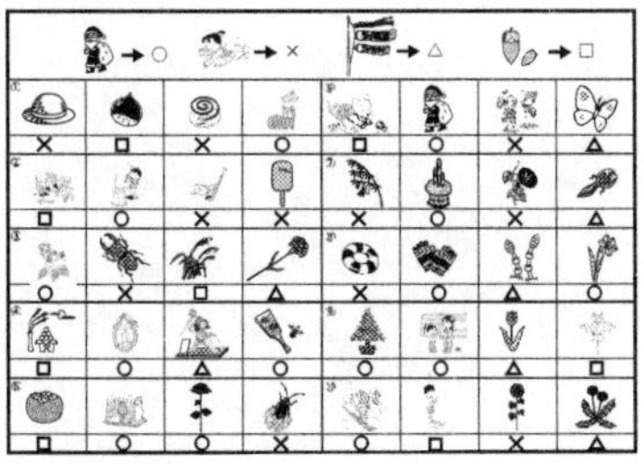

※季節が特定しにくいものについては編集部判断の解答です。

［2020年度出題］

学習のポイント

第一希望入試でも同じ趣旨の問題が出題されています。違いは、「春は○、夏は×、秋は△、冬は□で答える」という解答方法をあえて説明しないことです。ここでは説明を省き、お子さまが置き換えを理解できるかどうかをチェックしているのです。つまり、「～ということではないか」と推測しなくては答えられないということになりますから、見た目よりも難しい問題と言えるでしょう。出題内容自体は第一志望入試と変わりはありませんが、やはりお子さまに馴染みがなさそうなものも描かれています。蚊取り線香、田植え（稲刈り）、石油ストーブ、金太郎の置物といったあたりは、現在の生活環境ではあまり見かけないものでしょう。出題されるものは仕方がないので、保護者の方は、少なくとも当校の入試で出題されたものは解説しておいてください。実物がなければ映像でもかまいません。少しは記憶に残りやすくなります。

【おすすめ問題集】

Ｊｒ・ウオッチャー11「いろいろな仲間」、12「日常生活」、34「季節」

問題16　分野：図形（重ね図形）　※一般入試１回目

〈準 備〉　鉛筆

〈問 題〉　左の２枚のお手本の絵は透き通った紙に書いてあります。左側のお手本をそのままずらして右側のお手本の上に重ねるとどんな絵になりますか。右の四角から探して正しいものに○をつけてください。

〈時 間〉　各30秒

〈解 答〉　下図参照

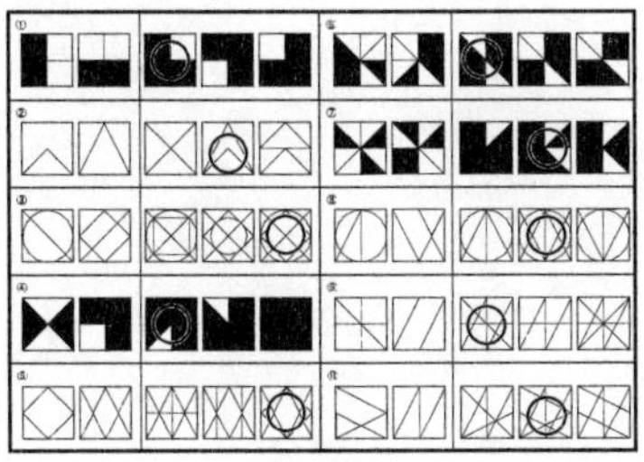

［2020年度出題］

学習のポイント

第一希望入試と同じ、重ね図形の問題が一般入試１日目でも出題されています。図形が複雑になっている以外に内容に違いはないので、基本的な解き方も同じになります。つまり、右側の形を左側の形に重ねると、１.どの線（形）が増えるのか、２.どの線（形）が重なるのかを考えるということになります。１つひとつ考えていっても構わないのですが、こうした問題にお子さまが慣れているなら、上級者の方法を試してみましょう。重ねた図形の特徴を把握し、その特徴だけで選択肢を取捨選択するという方法です。例えば①なら、重ねた図形の黒の部分がＬ字型になることがすぐにわかりますから、Ｌ字型の黒い図形がある選択肢が正解だという判断ができます。この方法を使えばほとんど時間を掛けずに答えられるのですが、類題をこなした上ではじめてできることです。無理に行うことはありません。

【おすすめ問題集】

Ｊｒ・ウォッチャー35「重ね図形」

問題17　分野：推理（ブラックボックス）　※一般入試１回目

〈準備〉　鉛筆

〈問題〉　鏡の描かれた箱と時計の描かれた箱があります。鏡の描かれた箱を通ると右と左が反対に、時計の描かれた箱を通ると上と下が反対になります。
それぞれの四角の左側の絵のように何かを箱に通した時、どのようになるでしょう。同じ四角の右側の絵から正しいものを選んで○をつけてください。

〈時間〉　各20秒

〈解答〉　下図参照

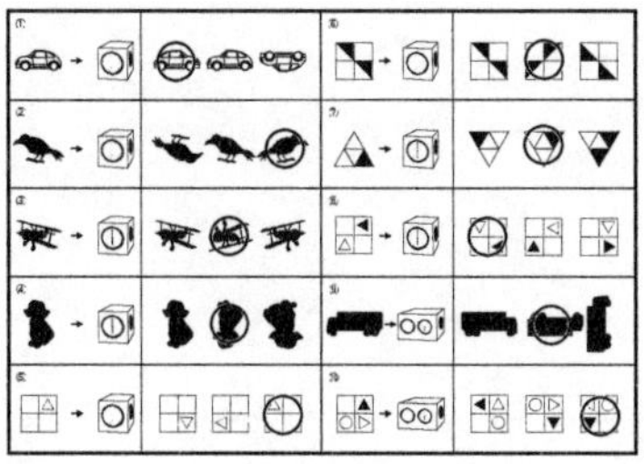

［2020年度出題］

学習のポイント

ブラックボックスの問題です。よく見かけるのはトンネルを通るたびに通ったものの数が増減するという問題ですが、ここでは図形が左右・上下で反転するとという形になっています。解き方としては、まず、「箱を通ると…」という２つのルールをしっかり把握しましょう。ルールが頭に入れば後は元の形が反転するとどのようになるかを考えるだけになり、単なる図形問題を解くのと同じになります。三角形の上下反転や箱を２回通るなどやや複雑な問題も出題されていますが、順を追って考えれば正解できるはずです。なお、当校入試のほかの問題と同じく、「見本」といった形でルールが絵に描かれていないので問題文をよく聞いていないとリカバリーができません。集中してください。なお、一般入試の２回目でも同様の問題が出題されています。図形が少し単純になっていますが、ほとんど同じと言ってよい問題です。

【おすすめ問題集】

Ｊｒ・ウォッチャー31「推理思考」、32「ブラックボックス」

問題18　分野：行動観察

〈準備〉　《第一志望》パズル（１ピース30cm×30cm、すべて四角形、10ピース程度）
《一般１回目》模造紙（１ｍ×１ｍ）、クレヨン
《一般２回目》ハガキ（60枚、切手の貼ってあるものを30枚）

〈問題〉　**この問題の絵はありません。**
この問題の①グループ活動は５人程度、②集団行動は30～40名で行います。

《第一志望》
①グループ活動
周りのお友だちと協力して、パズルを完成させてください。
②集団行動
「パプリカ」の曲に合わせてダンスをしてください。

《一般１回目》
①グループ活動
周りのお友だちと協力して、「海の中」の絵を描いてください。
②ここはジャングルです。先生の真似をして動物のポーズをしてください（ゾウ・チョウチョ・ウサギなどのポーズを見本としてみせる）

《一般２回目》
①グループ活動
周りのお友だちと協力して、ハガキを切手の貼ってあるものと貼ってないものに分けてください。
②集団行動
（平均台やフラフープをサーキットのように、配置する）これからサーキットをします。平均台を渡ったら、フラフープでケンケンパをしてください。

〈時間〉　第一志望・一般ともに20～30分程度

〈解答〉　省略

［2020年度出題］

学習のポイント

ここで言う「グループ行動」は行動観察的なものと考えてください。主な観点は協調性です。積極的に意見を言ってグループを引っ張ってもよいですし、人の意見をよく聞いて自分の役割を果たすでもかまいません。集団行動を行う上で必要なコミュニケーションをとって行動すれば、悪い評価は受けないでしょう。ふだん通りに行動すればよいのです。「集団行動」は準備体操のようなものですから、指示を守って体を動かしていれば特に問題になることはないはずです。年齢相応の動きができ、健康であるということを示してください。ペーパーテスト以外の課題は正解がわかりづらいので、保護者の方はどうしてもお子さまの行動を心配されると思いますが、「～のようにしなさい」と台本を作ってもお子さまがその通りに行動するわけがありません。ふだんの行動を観察し、適確なアドバイスをして、試験の時にも正しい行動が取れるように準備しておく、ということが唯一の対策になるでしょう。

【おすすめ問題集】

Ｊｒ・ウォッチャー29「行動観察」

問題19　分野：面接・巧緻性

〈準 備〉　《第一志望》スモック、ハンガー
《一般１回目》手紙、手紙入れ、トレー（適宜）
《一般２回目》ビーズ（大きめ、10個、色違い）、ひも（30cm程度）

〈問 題〉　【保護者へ】
・ご自分のお子さまと似ているところは何ですか。
・お子さまの名前は、どのような思いでつけましたか。
・お子さまは、ご家庭でどのようなお手伝いをしていますか。
・本校を志望した理由をお答えください。
・学生時代に打ち込んだことは何ですか。

【志願者へ】
・最近、うれしかったことは何ですか。
・この学校の名前を答えてください。
・お友だちと遊びに行く時、お家の人に何と言いますか。
・お家でどんなお手伝いをしていますか。
・（問題19の絵を見せる）絵を見てください。この男の子は悪いことをしています。何が悪いのか教えてください。そのあと、どうして悪いのか説明してください。

《第一志望》
スモックをハンガーから外し、机の上でたたむ。

《一般１回目》
机の中から箱型のお手紙入れを取り出し、その中の手紙やノートをトレーに仕分ける。

《一般２回目》
（口頭で指示をして）４色10個のビーズにひもを通す。
※口頭での指示で作業ができなかった場合は見本の絵を見せる。

〈時 間〉　保護者、志願者ともに５分程度

〈解 答〉　省略

［2020年度出題］

学習のポイント

保護者面接と志願者面接は別々に行われます。保護者の方へは志望動機などのスタンダードな質問のほか、志願者と共通の質問（今回は「どんなお手伝いをしているか」）もあります。親子の会話が行われているかをチェックしようということでしょう。志願者は面接の後、個別テストに臨みます。服をたたむ、文房具を整理する、ビーズにひもを通すといった巧緻性（器用さ）を観点としたものです。作業のスピードや出来を評価しようというものではないので、年齢相応の器用さがあれば特別に対策をしなくてもよいでしょう。課題（作業内容）は毎年変わるのでピンポイントの対策もできません。お子さまに巧緻性（器用さ）がないと感じているなら、当校では出題されませんが、小学校入試の制作の課題を行ってみてください。文房具の使い方を学ぶうちに、ある程度の作業ができるようになり、巧緻性も人並みにのものになってきます。なお、絵を見て、マナーについて答える問題は第一志望入試では「公園」　一般第１回では「図書館」、一般第２回では「レストラン」の絵が使用されました。ここでは図書館の絵を掲載しています。

【おすすめ問題集】

面接テスト問題集、Ｊｒ・ウォッチャー25「生活巧緻性」

問題20　分野：記憶（お話の記憶）

〈準 備〉　鉛筆

〈問 題〉　これから読むお話をよく聞いて、後の質問に答えてください。

ゆうきくんは日曜日に家族で水族館に行きました。お父さんが運転する車で行くはずでしたが、お父さんは行けなくなってしまったので、おじいさん、おばあさん、お母さん、お姉さんといっしょにバスに乗って行きました。水族館に入ると、最初にクラゲの水槽を見ました。たくさんのクラゲがプカプカ浮いていました。次にお姉さんの大好きなオットセイのところへ行きました。白いオットセイと灰色のオットセイがいて、水の中をスイスイ泳いでいました。水族館のお兄さんが投げたお魚を捕まえて、おいしそうに食べていました。ボールで遊んでいるオットセイもいました。それを見ていたらゆうきくんもお姉さんもお腹が空いてきたので、お昼ごはんを食べることにしました。
お昼ごはんはお母さんが作ったサンドイッチです。ゆうきくんはたまごサンドが好きで、２つ食べました。お姉さんはハムサンドが好きで、３つ食べました。おばあさんが麦茶を入れてくれました。
みんなで楽しくお昼ごはんを食べたあと、ペンギンショーを見ました。ペンギンたちは水族館のおじさんの笛が鳴ると、ぴょんと跳んだり、プールに飛び込んだりしていました。
最後にヒトデやヤドカリを触って家に帰りました。楽しい１日でした。

①ゆうきくん家族は、水族館へ何に乗って行きましたか。１番上の段の絵の中から選んで、○をつけてください。
②一緒に行けなかったのは誰ですか。上から２段目の絵の中から選んで、○をつけてください。
③最初に見たのは何でしたか。上から３段目の絵の中から選んで、○をつけてください。
④お姉さんが好きな生き物は何でしたか。上から４段目の絵の中から選んで、○をつけてください。
⑤お昼ごはんは何でしたか。１番下の段の絵の中から選んで、○をつけてください。

〈時 間〉　各10秒

〈解 答〉　①右から２番目（バス）　②左端（お父さん）　③左から３番目（クラゲ）
④左端（オットセイ）　⑤左から２番目（サンドイッチ）

［2019年度出題］

学習のポイント

第一志望入試の試験問題です。この問題のお話をよく見ると、最初の２段落で、質問①～④に関することが話されています。お話の前半部分なので、比較的記憶に残りやすいことから考えると、④までは確実に正解してほしい問題と言えます。注目すべき問題は②です。いっしょに行けなかったのは誰かと問われていますが、冒頭部分に「お父さんが行けなくなった」とあります。このくだりからお父さんと解答するのが当然と思えます。「水族館に行ってからのお話にお父さんが一度も登場しなかったから」と考えてももちろん正解です。どちらがよいということでなく、話の一部分からでも、全体の流れからでも、正しい答えさえ導ければそれでよいのです。ですが、家庭での学習は別です。さらに長いお話や登場人物が多いお話に対応するには、「お話の流れ」から解答が導けるようにする必要があります。人間の記憶というものは、ストーリーがあれば数多くの情報を一度で覚えられますが、そうでなければそれほど多くのことを覚えられないからです。

【おすすめ問題集】

1話５分の読み聞かせお話集①②、お話の記憶　初級編・中級編・上級編、
Ｊｒ・ウオッチャー19「お話の記憶」

問題21　分野：数量（数の比較）

〈準備〉　鉛筆

〈問題〉　（問題21-１の絵を渡す）
２つの四角の中に絵が描かれています。点線の左側と右側を比べて、数の多い方に○をつけてください。

（問題21-２の絵を渡す）
四角の中にさまざまな絵が描かれています。数が多い方のものの絵が描かれている四角に○をつけてください。

〈時間〉　各２分

〈解答〉　下図参照

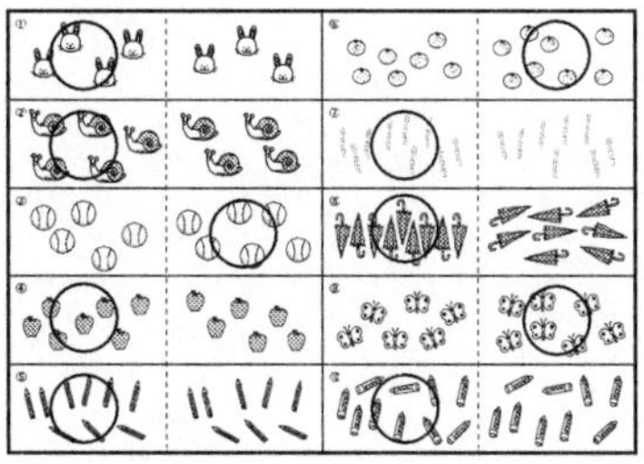

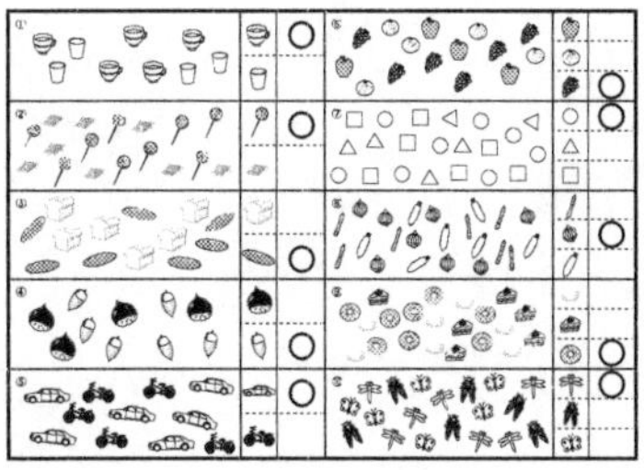

［2019年度出題］

学習のポイント

問題21-１が第一志望入試、問題21-２が一般入試１回目の試験問題です。解答だけを求めるのなら、左側の絵を、右側の絵の数だけ隠せば解答を見つけられます。絵が余ったら左側の絵が多く、すべてが隠れてしまう場合は右側の絵の方が多いということです。ただし、このようなハウツーで解答を求める方法しか身に付けていないと、「同数の時は～」という条件が入っていた場合には対応できなくなってしまいます。入学後のことを見据えて、両方を数えた上で数の多少がわかるようにしましょう。そのためには正確に、素早く数えられるようになっておいた方がよい、ということです。素早く数えるには１つずつ数えるのではなく、２つずつ数えるなどの工夫をしていきましょう。段階的にひと目で認識できる数を増やしていき、試験前には10までの数のものがひと目でわかるようになりましょう。ほとんどの問題に対応できるようになります。

【おすすめ問題集】

Ｊｒ・ウォッチャー15「比較」、37「選んで数える」、38「たし算・ひき算１」、39「たし算・ひき算２」、41「数の構成」、58「比較2」

問題22　分野：数量（数の構成）

〈準備〉　鉛筆

〈問題〉　左側の絵にいくつ加えると、10になりますか。その数だけ右側のマス目に○を書いてください。

〈時間〉　２分

〈解答〉　①○：７　②○：４　③○：５　④○：９　⑤○：４
⑥○：８　⑦○：６　⑧○：２　⑨○：５　⑩○：３

［2019年度出題］

学習のポイント

一般入試２回目の試験問題です。まず、１～10までの数を言うことができ、10個のものを数えられるでしょうか。それができていることを確認した上で、10までの数の構成を身に付けましょう。「数の構成」というのは「～と～をたすと～になる」という数の組み合わせのことで、例えば、10は５と５を合わせた数、５は５と０、４と１、３と２の組み合わせです。これらのことが理解できていると、10を構成する数について、考えやすくなります。例えば、①の場合、チューリップが３つ描かれています。３に２を組み合わせると５になります。そして、あと○を５個書けば10になります。このように、５以下の数の場合、まず５を作ってから10を作るように考えます。５以上の数を扱っている②の場合、６個のブドウから５個を取ると１個残ります。１と４の組み合わせから、○を４個書くと５になります。先に取った５個があるので、これで10が作れます。

【おすすめ問題集】

Ｊｒ・ウォッチャー38「たし算・ひき算１」、39「たし算・ひき算２」、41「数の構成」

問題23　分野：常識（いろいろな仲間）

〈準備〉　鉛筆

〈問題〉　左側の絵に関係しているものの絵を２つ選んで、四角の中に○を書いてください。

〈時間〉　１分

〈解答〉　下図参照

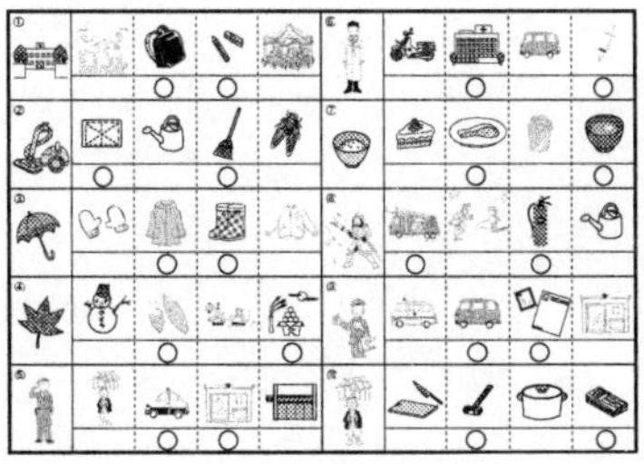

［2019年度出題］

学習のポイント

第一志望入試、常識分野の問題です。まずは「２つを選ぶ」という指示に注意しましょう。当校の入試問題には、時折細かな指示があるので注意する必要があります。出題されているものは難しくありません。もし、お子さまが答えに困るものがあれば、単に答えを口頭だけで教えるのではなく、実物や映像を使って説明してください。効率よく覚えられます。また、名称だけなく、生活用品であれば用途や特徴、動物であれば生態や生息場所、植物であれば収穫時期や開花時期などについて教えれば小学校入試で出題される知識はほぼカバーできるでしょう。

【おすすめ問題集】

Ｊｒ・ウオッチャー11「いろいろな仲間」、12「日常生活」、34「季節」

問題24　分野：常識（季節の日常生活）

〈準備〉　鉛筆

〈問題〉　①（問題24-1の絵を渡す）
絵を見て、同じ季節に関係するもの同士を線で結んでください。
②（問題24-2の絵を渡す）
絵を見て、同じ仕事に関係するもの同士を線で結んでください。

〈時間〉　①②各30秒

〈解答〉　下図参照

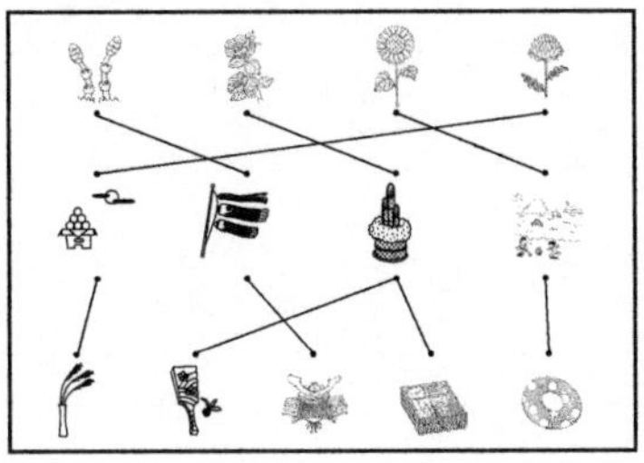

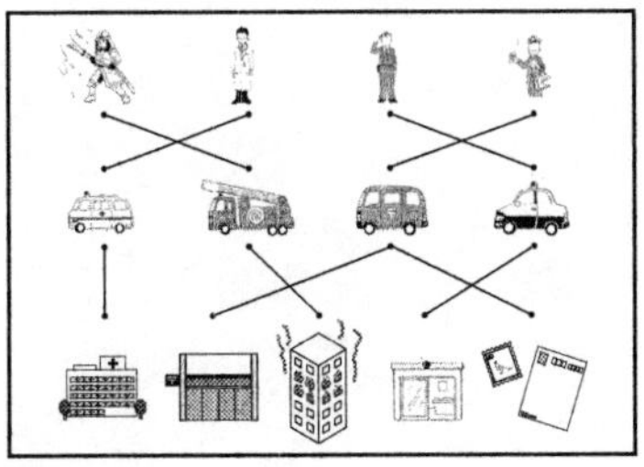

[2019年度出題]

学習のポイント

①が一般入試1回目、②が一般入試2回目の試験問題です。上下2段になっているものを線でつなぐ問題に取り組んだことはあっても、3段になっている問題には取り組んだことがないお子さまも多いと思います。絵を見た瞬間に、難しいと感じてしまうかもしれませんが、落ち着いて考えれば、それほど難しい問題ではありません。まず1段目と2段目をつなげて、次に2段目と3段目をつなげるように進めると、スムーズに答えられるでしょう。一見複雑な問題では、一度に2つの作業をしようとせず、1つずつ進めればよいことを、理解させてから問題に取り組んでください。先に答えを見つけてから線を引くと、勢いのあるまっすぐな線を引くことができます。逆に、考えながら線を引くと、線がゆがんだり雑になったりします。答えの正誤だけでなく、お子さまが答えを書くまでの過程も、しっかりと見てあげてください。

【おすすめ問題集】
Ｊｒ・ウオッチャー11「いろいろな仲間」、12「日常生活」、34「季節」

問題25　分野：図形（四方からの観察）

〈準備〉　鉛筆

〈問題〉　積み木がいくつかあります。矢印の方向から積み木を見ると、積み木の数はいくつあるように見えますか。その数だけ右側のマス目に○を書いてください。

〈時間〉　各２分

〈解答〉　（問題25－１）

①○：２　②○：２　③○：４　④○：３　⑤○：３
⑥○：４　⑦○：３　⑧○：４　⑨○：４　⑩○：６

（問題25－２）

①○：２　②○：４　③○：４　④○：４　⑤○：５
⑥○：４　⑦○：５　⑧○：６　⑨○：４　⑩○：８

（問題25－３）

①○：２　②○：２　③○：４　④○：３　⑤○：３
⑥○：３　⑦○：５　⑧○：４　⑨○：４　⑩○：５

［2019年度出題］

学習のポイント

問題25－１が第一志望入試、問題25－２が一般入試１回目、問題25－３が一般入試２回目の試験問題です。四方からの観察の問題では、積み木のような立体物を、四方（正面、背面、左側面、右側面）から見た時の形が問われます。これは立体的なものを、平面に置き換えてとらえなければいけないので、高い空間把握力が求められる問題と言えます。
立体を真横から見ることは、お子さまにとって、あまり経験がないものです。実際に積み木を立体に積んで、目線を低くして真横から見てみると、どのように見えるのかが理解できるでしょう。なお、積み木を使った問題としては、積み木の数をかぞえる問題がよく扱われるので、思い込みで積み木を数え始めることのないように、ふだんから指示を最後まで聞いてから取り組ませるようにしてください。

【おすすめ問題集】

Ｊｒ・ウオッチャー53「四方からの観察－積み木編－」

問題26　分野：図形（回転図形）

〈準備〉　鉛筆

〈問題〉　①～⑤
点線の左側の絵を１回矢印の方向に回転させると、どの絵になりますか。選んで○をつけてください。
⑥～⑩
点線の左側の絵を２回矢印の方向に回転させると、どの絵になりますか。選んで○をつけてください。

〈時間〉　２分

〈解答〉　①右から２番目　②右端　③左から２番目　④左端　⑤左から２番目
⑥左から２番目　⑦右から２番目　⑧右端　⑨左から２番目　⑩左端

［2019年度出題］

学習のポイント

第一志望入試で出題された回転図形の問題です。回転させている絵や図形が複雑なので、回転後の位置の把握が難しい問題です。例えば①の場合、絵の右上あたりにあるシマウマの顔は、1回右に回すと右下に移動することがわかれば、答えはすぐに見つけられます。このように、絵の特徴的な部分が、回転後にどこへ移動するのかを理解することが大切です。難しいようでしたら、紙に正方形を書き、四隅に矢印などの記号を書いて回し、その位置の変化を理解させてください。動きがつかめてきたら、実際の問題を使って練習をするとよいでしょう。この時のポイントは、位置関係の変化を保護者の方が教えるのではなく、お子さまが発見するように仕向けることです。教えられた場合と、発見した場合とでは、知識の定着率も理解度も変わってきます。このように少し工夫することで楽しみながら学習できます。なお、回転図形の問題で「1回まわす」とは、絵を90度（三角形の場合は120度）回転させることを表しますので、誤解しないように気を付けてください。

【おすすめ問題集】
Ｊｒ・ウオッチャー46「回転図形」

問題27　分野：推理思考

〈準 備〉　鉛筆

〈問 題〉　この問題の絵は縦に使用してください。

（問題27－１の絵を渡す）

１番上の段に描かれてあるサイコロを見てください。正面にウサギ、右側にクマ、上にネコが描かれています。このサイコロは見えない反対側にも同じ絵が同じ向きで描かれていますので、後ろの面にもウサギ、左側にもクマ、下にもネコが同じ向きで描かれています。このようなサイコロを矢印の方向にマス目の上を回転させたとき、「？」マークにはどの動物の絵が描かれているでしょうか。右の四角の中から選んで○をつけてください。

（問題27－２の絵を渡す）

同じように、サイコロを矢印の方向にマス目の上で回転させた時、「？」マークのところに描かれている動物はどのような向きに見えますか。右の四角の中から選んで○をつけてください。

〈時 間〉　各２分

〈解 答〉　下図参照

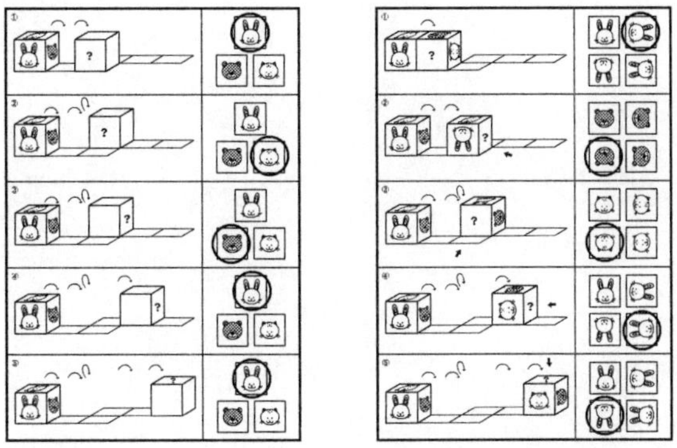

［2019年度出題］

学習のポイント

問題27－１が一般入試１回目、問題27－２が一般入試２回目の試験問題です。本問は、説明だけでなく、実際に答えを見つけることも難しい問題です。本問のように難しい問題を５問程度さりげなく出題するのが、当校の特徴と言えるでしょう。このような問題では、１回ずつ段階を追って考えることが大切です。例えば問題27－１②の場合、サイコロを１回動かすと、絵は正面、上、右の順に（ウサギ・クマ・ネコ）となります。もう１回動かすと（ウサギ・ネコ・クマ）、そこからタテに動かすと（ネコ・ウサギ・クマ）となり、答えはネコとわかります。問題27－２の場合にも、１回動かすたびに、顔の向きを確認しながら進めてください。試験の時は、頭の中にサイコロを思い浮かべて、実際に転がしてどのように変化するかを想像できることが望ましいです。実際の試験では、取り組む前に、サイコロを回転させる様子の説明が、映像を使ってていねいにされていましたが、わからない場合は、実際にサイコロを転がしてみてください。積み木の立方体を利用すると大きさも手頃で扱いやすいと思います。

【おすすめ問題集】

Ｊｒ・ウオッチャー10「四方からの観察」、46「回転図形」

問題28　分野：記憶（お話の記憶）

〈準 備〉　鉛筆

〈問 題〉　これから読むお話をよく聞いて、後の質問に答えてください。

あやのちゃんの５歳の誕生日に、仲良しのお友だちを招待して、誕生日会を開きました。誕生日会には、みんながプレゼントを持ってきてくれました。ひろとくんはテニスラケット、わかちゃんはくまのぬいぐるみ、じゅんくんはお絵かきセット、ともやくんはサッカーボール、なつきちゃんはすてきなＴシャツをプレゼントしてくれました。
その後、みんなでお昼ごはんを食べました。あやのちゃんのお母さんはフライドチキン、サンドイッチ、おにぎり、サラダ、ハンバーグ、カレーライスを作ってくれました。その中であやのちゃんが１番好きなのはフライドチキンでした。みんなもフライドチキンが大好きで、お皿の上のフライドチキンは、あっという間になくなりました。ごはんの後にはケーキを食べました。お母さんが作った、赤い果物が上に載っているショートケーキでした。
ケーキを食べ終わると、もらったプレゼントの中から１つ選んで、みんなで遊ぶことにしました。あやのちゃんはテニスをしたかったのですが、みんなで遊べないので、サッカーをすることにしました。あやのちゃんはサッカーをしたことがなかったのですが、仲良しのお友だちと遊ぶと、とてもおもしろくて、「またしたいな」と思いました。

①あやのちゃんは何歳ですか。同じ数を１番上の段の絵の中から選んで、○をつけてください。
②お昼ごはんに出てこなかった料理はどれですか。２段目の絵の中から選んで、○をつけてください。
③ケーキを食べた後、何で遊びましたか。３段目の絵の中から選んで、○をつけてください。
④ケーキの上に乗っていた果物はどれですか。４段目の絵の中から選んで、○をつけてください。
⑤このお話に出てきたのは全部で何人ですか。同じ数を１番下の段の絵の中から選んで、○をつけてください。

〈時 間〉　各10秒

〈解 答〉　①左から２番目　②右から２番目　③左から２番目　④左から３番目
⑤右から２番目

［2019年度出題］

学習のポイント

一般入試１回目の試験問題です。お話はそれほど複雑ではありませんが、勘違いをしやすい質問が多い分、難しい問題となっています。本問では、お話の流れに沿った質問をした後で、最後に全体についての質問が出されており、細かい部分まで逃さずに聞く力が求められています。また、②ではお昼ご飯に「出てこなかったもの」を聞いています。質問を最後まで聞かずに「出てきたもの」に印をつけてしまわないようにしましょう。⑤では登場した人の数を聞いていますが、誕生会に来てくれたお友だちだけでなく、あやのちゃんのお母さんも数えなければいけません。このように、お話の細かい部分や、質問を最後まで聞き取らなければいけない点が、本問を難しくしています。ふだんの練習の際にも、正解を求めることだけでなく、聞き取りの精度を上げることを目標とした練習をするとよいでしょう。

【おすすめ問題集】
　１話５分の読み聞かせお話集①②、お話の記憶　中級編・上級編

問題29　分野：記憶（お話の記憶）

〈準備〉　鉛筆

〈問題〉　これから読むお話をよく聞いて、後の質問に答えてください。

ゆうたくんは、お父さんとお母さんと妹のみきちゃんと、バスに乗って遊園地に行きました。遊園地に着くと、入口で、ピエロの格好をした人が赤い風船をゆうたくんとみきちゃんに１つずつくれました。ゆうたくんは最初に、「ジェットコースターに乗りたい！」と言いましたが、みきちゃんは「こわいから乗りたくない」と言いました。そこで、お父さんがゆうたくんと一緒にジェットコースターに、お母さんはみきちゃんとコーヒーカップに乗ることにしました。ジェットコースターの乗り場は列ができて混んでいたので、少し待ちました。「勢いよく走るジェットコースターは楽しいな」と、ゆうたくんは思いました。ジェットコースターから降りて、コーヒーカップの方を見ると、みきちゃんとお母さんが、紫色のコーヒーカップに乗っているのが見えました。とても速いスピードで回っていたので、ゆうたくんは、見ているだけで目が回りそうでした。帰る前に、家族みんなで観覧車に乗りました。観覧車が１番高いところに着くと、遠くに海が見えました。「次のお休みには、海に行きたいな」とゆうたくんは思いました。

①遊園地行ったのは全部で何人ですか。１番上の段の絵の中から、同じ数のものを選んで、○をつけてください。
②ゆうたくんたちは、何に乗って遊園地に行きましたか。上から２段目の絵の中から選んで、○をつけてください。
③ジェットコースターに乗ったのは誰でしたか。３段目の絵の中からあてはまる人を全部選んで、○をつけてください。
④みきちゃんと、お母さんが乗ったコーヒーカップは何色でしたか。それと同じ色をしているものを、上から４段目の絵の中から選んで、○をつけてください。
⑤観覧車から見えたものは何でしたか。そこに棲んでいる生きものを、１番下の段の絵の中から選んで、○をつけてください。

〈時間〉　30秒

〈解答〉　①左から２番目　②左から２番目　③左端と左から３番目　④右から２番目　⑤左から２番目

［2019年度出題］

学習のポイント

一般入試２回目の試験問題です。お話の内容、設問ともに標準的な問題です。第一志望入試・一般入試１回目と比べると、少しやさしく感じるかもしれませんが、それはほかの志願者にとっても同じことです。だからこそ、細かい部分まで聞き取り、すべての問題に確実に正解するつもりで問題に取り組んでください。本問では、お話の流れに沿った質問に加えて、野菜の色、生き物の棲んでいる場所など、常識分野の知識を必要とする問題も含まれています。これらの問題は、知っていれば答えられるものです。ふだんの知識分野の学習はもちろんですが、お話を読み聞かせた後で、そこに出てきたものに関連する質問をするなどして、知識の整理や確認をするとよいでしょう。

【おすすめ問題集】

１話５分の読み聞かせお話集①②、　お話の記憶　初級編・中級編・上級編、
Ｊｒ・ウオッチャー19「お話の記憶」

問題30　分野：行動観察

〈準 備〉　《第一志望》紙コップを20個程度
《一般１回目》折り紙、玉入れのカゴ、玉
《一般２回目》スポンジ積み木数十個、平均台、フラフープ

〈問 題〉　この問題の絵はありません。
この問題の①グループ活動は５人程度、②集団行動は30～40名で行います。

《第一志望》
①グループ活動
周りのお友だちと協力して、紙コップをできるだけ高く積み上げてください。
②集団行動
ジャンケン列車で遊びましょう。お友だちとジャンケンをして、負けた方は勝った方の後ろについて、列車になってください。
次にジャンケンをする時は、列車の先頭の人がジャンケンをして、負けた方は勝った方の後ろについてください。
全員が１つの列車になるまで続けてください。

《一般１回目》
①グループ活動
折り紙で輪を作り、グループでつなげてください。
②（準備した玉入れのカゴと玉を設置する。玉は床に置く）玉入れをしましょう。私（出題者）が「はじめ」と言ったら、玉を拾ってカゴに投げ入れてください。「やめ」と言ったら、玉を置いてその場に体育座り（三角座り）してください。（玉入れは３分間、２回行う）

《一般２回目》
①グループ活動
スポンジ積み木でお城を作ってください。
②集団行動
（平均台やフラフープをサーキットのように、配置する）これからサーキットをします。平均台を渡ったら、フラフープでケンケンパをしてください。

〈時 間〉　第一志望・一般ともに20～30分程度

〈解 答〉　省略

[2019年度出題]

学習のポイント

第一志望入試と一般入試とでは内容が違いますが、どちらも５人程度のグループと30名～40名のグループで２種類の課題を行う点は同じです。行動観察は入学後の学校生活を意識した出題であることを知っておいてください。たとえペーパーテストができていても、行動観察で大きな×がつくと、不合格になるのはそのせいです。第一志望入試の①のコップ積みは、一度でうまくいくことはまずありません。ですから、出題の意図は、うまくいかなかった時にどのような対応を見せるかでしょう。協力、積極性、失敗した時の対応が、本問のポイントです。
②では、負けた時のルールに従って、すぐに勝者の後ろにつくことができるか、積極的に対戦しているかがポイントです。一般入試では、①は協力、創造性、意見の違う人との関わりなどが求められます。自分の考えをしっかりと覚えておくだけでなく、ほかの人の意見を聞き入れられることが重要と言えるでしょう。②のように勝敗、タイムなどが関係すると、ルールを破るお子さまが現れます。ですから、失敗が続いてもルールを守り、止めの合図があった時、手を止めて指示に従った行動が取れるかもポイントになります。

【おすすめ問題集】
Ｊｒ・ウォッチャー29「行動観察」

問題31　分野：面接・巧緻性

〈準備〉　《第一志望》傘、傘立て
《一般》色鉛筆、線が書かれた紙、トレイ

〈問題〉　【保護者の方へ】
・最近、お子さまが１人でできるようになったことは何ですか。
・お子さまの名前は、どのような思いでつけましたか。
・お子さまは、ご家庭でどのようなお手伝いをしていますか。
・本校を志望した理由をお答えください。
・社会人として大切なことは、何だとお考えですか。

【志願者へ】
・最近、１人でできるようになったことは何ですか。
・この学校の名前を答えてください。
・お友だちと遊びに行く時、お家の人に何と言いますか。
・お家でどんなお手伝いをしていますか。
・（問題31の絵を見せる）絵を見てください。この男の子は悪いことをしています。何が悪いのか教えてください。そのあと、どうして悪いのか説明してください。

《第一志望》
（あらかじめ用意した傘を、広げた状態で志願者に渡す）この傘を傘立てにたたんで入れてください。

《一般１回目・２回目》
机の中から色鉛筆を出して、線をなぞってください。できた人は、その紙をトレイの中に入れてください。

〈時間〉　保護者、志願者ともに５分程度

〈解答〉　省略

［2019年度出題］

学習のポイント

行動観察の後、保護者の方と志願者が、別々の部屋に入り面接が行われました。保護者の方へは主に子どものことに関して質問がされ、志願者に対しては面接のほか、個別テストが実施されました。保護者の方に対する質問は、ふだんのお子さまとの関わり、ご家庭の教育方針など、基本的なことが中心となっています。しかし、志願者に対する質問は、当校の名称、日常生活に関すること、自分自身のことなど、広範囲にわたった内容がバランス良く聞かれていると思います。また、面接の中で歌を歌わせる場面もあったそうです。予想もしていないような質問をされてもじもじしてしまうことのないよう、自信を持って、堂々と答えられるように練習しましょう。また、個別テストですが、傘をしまう問題は意外に難しかったかもしれません。それは、雨の日に傘をどれだけ使用したかが影響するからです。動作を伴う課題はただできるだけではなく、スムーズに行っているかを観ることで、日常生活で行っているかどうかもわかります。面接対策について、ただきちんと答えればいいと思っている方は、こうした動きなど細かなところまで観られていることを認識して対応するようにしましょう。

【おすすめ問題集】

面接テスト問題集、Ｊｒ・ウォッチャー25「生活巧緻性」

問題32　分野：記憶（お話の記憶）

〈準 備〉　鉛筆

〈問 題〉　**この問題の絵は縦に使用してください。**
（問題32の絵を裏返しにして渡す）
これからお話をします。後で質問をしますから、よく聞いて覚えてください。
渡した絵は、「表にしてください」と言われるまで、めくってはいけません。

リスさんとイヌくんは公園に遊びに行きました。公園にはドングリの木があって、たくさんのドングリが落ちていました。そこで２人はドングリ拾いをすることにしました。リスさんは３個、イヌくんは４個、ドングリを拾うことができました。すると、サルさんがやってきて、「いいなー、ぼくもドングリが欲しいなー」と言いました。２人は１個ずつサルさんにドングリをあげ、３人で仲良く遊びました。しばらくすると、お昼ごはんの時間になりました。リスさんはおにぎり、イヌくんはリンゴ、サルさんはサンドイッチをカバンから出し、みんなで仲良く食べました。お昼ごはんを食べ終えると、３人はまた遊びました。はじめに、ブランコに乗りました。次に、すべり台で遊びました。最初に誰が滑るかで、少しけんかになりましたが、じゃんけんで順番を決めることにしました。その結果、サルさん、イヌくん、リスさんの順で滑りました。そのあと、鬼ごっこをして遊びました。鬼ごっこをしていると、お家に帰る時間になったので、３人はさようならをしてお家に帰りました。とても楽しい１日になりました。

では、絵を表にしてください。
①１番上の段を見てください。お話と同じ季節のものに○をつけてください。
②上から２番目の段を見てください。ドングリを１番多く持っている動物はどれですか。絵の中から選んで○をつけてください。
③真ん中の段を見てください。サルさんがもらったドングリはいくつですか。その数と同じ数の●が書かれている絵に○をつけてください。
④上から４番目の段を見てください。お昼ごはんで食べなかったものに○をつけてください。
⑤１番下の段を見てください。すべり台に１番最後に乗った動物はどれですか。選んで○をつけてください。

〈時 間〉　各10秒

〈解 答〉　①右から２番目（ブドウ：秋）　②真ん中（イヌ）　③左から２番目
④右から２番目（ピザ）　⑤左（リス）

［2018年度出題］

学習のポイント

第一志望入試で出題された問題です。本問のポイントとなる設問は④です。設問④以外は、お話に出てきたことが聞かれていますが、この設問だけは、出てこなかったものを聞かれています。この設問を解く際、出てこなかったものをすぐに探せたかで、その後の対策が変わります。本問に限ったことではありませんが、慣れてくると、得意分野の問題に対して、出題者の話を最後まで聞かずに、思い込みで解答を探すお子さまがいます。この設問のように「違うもの」「出てこなかったもの」など、ふだんと逆の問い方をされた場合、お話を理解していても、すべての問題を間違えてしまうという事態を招いてしまいます。その点からも、人の話を最後までしっかりと聞くことはとても重要ということがお分かりいただけると思います。お子さまに思い込みで解答を探すような様子が見えた場合、保護者の方は、お子さまと会話をする時のご自身の様子をチェックしてください。多くの場合、保護者の方がお子さまの話を最後まで聞かずに、先取りをして話を始めてしまう場合が多いと言われています。そのような場合、お子さまも人の話を最後まで聞かなくなりやすいので、注意してください。このアドバイスは面接テストや、ほかのペーパーテストでも役立ちます。人の話を正しく聞き取ることは、小学校入試において重要だと言われており、入学後に授業を受ける上で、必要な力でもあります。

【おすすめ問題集】

1話5分の読み聞かせお話集①②、お話の記憶　初級編・中級編・上級編、
Ｊｒ・ウオッチャー19「お話の記憶」

問題33　分野：数量（比較）

〈準備〉　鉛筆

〈問題〉　この問題の絵は縦に使用してください。
左側にある２つの四角を見てください。左側と右側を比べるといくつ数が違いますか。その数だけ右側のマス目に○を書いてください。

〈時間〉　各20秒

〈解答〉　①○：1　②○：2　③○：4　④○：5　⑤○：8

［2018年度出題］

学習のポイント

第一志望入試で出題された、数量を比較する問題です。試験対策のテクニックとして、少ない方の数の分だけ、多い方の絵を隠す方法があります。多くの方はこの方法を用いると思いますが、入学後の学習を考えた場合、数の分解をきちんと理解しておくことをおすすめいたします。数の分解を理解しておくことで、繰り上がりや繰り下がりの計算の時につまづくことを回避できるでしょう。例えば、「５」は０-５、１-４、２-３、３-２、４-１、５-０の６通りに分解できます。さらに、10は５が２つあると理解できれば、10までの数を自由に分解できます。こうした入学後の算数に役立つ基礎が、このような数の操作の問題につながります。本問の場合は、マス目に書く○の数と、少ない方の絵の数が、多い方の絵の数を分解したものだと考えればよいのです。この考え方を数字にすると、「引き算」になります。形を使うか数字を使うかの違いですが、こうした基本を今のうちにしっかりと理解しておくとよいでしょう。また、解答欄に書く「○」もチェックしてください。マスの中に収まっているか、形がきれいな「○」になっているか。できれば、「○」の書き順まで正しく書けているとよいと思います。○は下から書き始め、０（ゼロ）は上から書き始める。こうしたちょっとした書き順を意識することで、入学後の文字の書き順につなげていきます。

【おすすめ問題集】

Ｊｒ・ウォッチャー15「比較」、38「たし算・ひき算1」、39「たし算・ひき算2」

問題34　分野：言語（しりとり）

〈準備〉　鉛筆

〈問題〉　**この問題の絵は縦に使用してください。**
１番左側の絵からしりとりをした時、使わないものが１つあります。それぞれの段から探して○をつけてください。

〈時間〉　１分

〈解答〉　①右（セミ：ピアノ→ノコギリ→リス）
②左（てぶくろ：メガネ→ネコ→コタツ）
③真ん中（せんぷうき：アジサイ→イチゴ→ゴリラ）
④右（サクラ：モチ→チューリップ→プリン）
⑤真ん中（イノシシ：くつした→タコ→コウモリ）

［2018年度出題］

学習のポイント

この問題には、左側の絵からしりとりを始めるという指示があるので、左側の絵は必ず次の絵につながることがわかります。しかも、先頭に来るということは、選択肢の３つの中でしりとりをした時、２番目に選ばれるものの先頭の音もわかるということです。このことに気付けると、正答率も大きくアップするでしょう。例えば、１番上の問題では、しりとりがピアノから始まります。ピアノの最後の「ノ」の音で始まるものは、右の絵の中にはノコギリがあります。次にノコギリの最後の「リ」の音で始まるものはリスになります。そしてリスは残った絵のセミにはつながらないので、セミが答えとなります。入試対策のテクニックに頼らず、左の絵につながるものを探し、次につながるものをというように、しりとりをつなげていく方法が、知識の面からも望ましいと言えます。しりとりの問題は、絵やプリントを使用する学習方法もよいですが、ドライブなどの車中で楽しみながら取り組み、力を付けることをおすすめいたします。

【おすすめ問題集】

Ｊｒ・ウオッチャー17「言葉の音遊び」、49「しりとり」、
60「言葉の音（おん）」

問題35　分野：図形（同図形探し）

〈準備〉　鉛筆

〈問題〉　１番左の絵が影になったものを、右側から探して○をつけてください。

〈時間〉　１分

〈解答〉　①真ん中　②左　③右　④真ん中

［2018年度出題］

学習のポイント

前年度まで、図形の問題は第一志望入試、一般入試ともに出題されていませんでした。そのため、ふだんから幅広い分野の学習をしていたかどうかが問われました。図形の問題に取り組む時、絵のどこに目をつけるかを見極めることは重要です。それぞれの問題の着眼点は、①２つの図形が離れていること、影となっている図形の位置、②円の重なり具合、③並んでいる図形の向き（角度）と方向、④上の三角形の向きと円の重なり具合、となっています。このことにすぐに着眼できたかどうかが、この問題をスムーズに解けたか否かの分かれ目と言えるでしょう。別の解き方として、明らかに違うものを選択肢から除外し、比較する対象を減らす方法があります。選択肢を減らすことで、お子さまは図形の特徴に着眼しやすくなると思います。そのような点から、問題の正誤だけでなく、お子さまの着眼点についてもきちんと確認しましょう。この問題に限ったアドバイスではないのですが、記号はしっかりとつける癖をつけてください。どちらに○をしたのかわからない場合や、○なのかほかの記号なのか判別不能な場合、正解だとしても、採点者が違うと判断すれば誤答になってしまいます。それはもったいないことですから、誰が見てもわかるように、ふだんの学習から意識してください。

【おすすめ問題集】

Ｊｒ・ウオッチャー４「同図形探し」

問題36　分野：常識（マナー）

〈準 備〉　鉛筆

〈問 題〉　絵の中で、してはいけないことをしている子がいます。その子に○をつけてください。

〈時 間〉　30秒

〈解 答〉　下図参照

［2018年度出題］

学習のポイント

近年、小学校入試において公衆道徳に関する出題が増加しています。その背景には、保護者が公衆道徳をどのように理解し、お子さまに教えているのか、また、お子さまを通して保護者の方の躾をする力を観たいという姿勢が現れていると思われます。同時に、学校側の出題意図として、この公衆道徳に関する問題は入学後を考慮した出題と受け取ることもできるでしょう。今回の問題は公園で遊ぶ子どもたちのマナーに対する内容となっていますが、他校では過去に、電車内の大人のスマートフォンの扱いについて描かれていた問題もありました。そのような細かなところまで見られるようになっていることを考えると、いかに日常生活でマナーが大切かを意識できると思います。特に、この分野は、一般テストではペーパーで出題されましたが、第一志望入試では、口頭試問として出題されていますので、口頭試問での出題に合わせた学習対策もしておくとよいでしょう。。口頭試問の場合、思考時間、解答した理由なども問われるため、口頭試問に合わせた学習もしておくことでペーパーにも活用できます。

【おすすめ問題集】

Ｊｒ・ウオッチャー12「日常生活」、56「マナーとルール」

問題37　分野：お話の記憶

〈準備〉　鉛筆

〈問題〉　**この問題の絵は縦に使用してください。**

（問題37の絵を裏返しにして渡す）

これからお話をします。後で質問をしますから、よく聞いて覚えてください。渡した絵は、「表にしてください」と言われるまで、めくってはいけません。

一郎くんは、お兄さんとお姉さんと一緒に、バスに乗って動物園に行きました。その動物園では、パンダの赤ちゃんが生まれた、というニュースをテレビでしていたので、一郎くんはとても楽しみでした。動物園に着いて、一郎くんたちは、最初にパンダの赤ちゃんを見に行きました。ところが、パンダのコーナーにはたくさんの人が集まっていて、一郎くんたちはパンダの赤ちゃんを見ることができませんでした。次に、一郎くんたちはゾウを見に行きました。その次に、サルを見に行きました。お昼ごはんの時間になると、お姉さんは仕事に行き、仕事が終わったお父さん、お母さん、おじいちゃん、おばあちゃんが来ました。お昼ごはんに、一郎くんはカレーライスを食べました。おじいちゃんはラーメン、おばあちゃんはおにぎりを食べました。お昼ごはんを食べた後、昆虫館で昆虫を触りました。そうしていると、帰る時間になったので、帰りはお父さんの車に乗って家に帰りました。

では、絵を表にしてください。

①１番上の段を見てください。一郎くんたちは、何に乗って動物園に行きましたか。選んで○をつけてください。

②上から２番目の段を見てください。一郎くんが最初に見た動物はどれですか。選んで○をつけてください。

③真ん中の段を見てください。お昼ごはんで一郎くんたちが食べたものはどの組み合わせですか。選んで○をつけてください。

④下から２番目の段を見てください。一郎くんたちがお昼ごはんを食べた後、触ったものはなんですか。選んで○をつけてください。

⑤１番下の段を見てください。一郎くんたちが動物園から帰る時、動物園に来た時より何人多くなりましたか。その数と同じ数の●が書かれている絵に○をつけてください。

〈時間〉　各10秒

〈解答〉　①右から２番目（バス）　②真ん中（ゾウ）

③右端（ラーメン・カレー・おにぎり）　④左から２番目（カブトムシ）

⑤真ん中（３人）

［2018年度出題］

学習のポイント

一般入試で出題されたお話の記憶の問題です。お話の記憶は大きく分けて２つのタイプに分けることができます。それは、動物たちが遊んだりするような非現実的な内容と、人間が家族で出かけるような現実に則した内容です。前者の場合、その場面を想像できるかどうか、後者の場合、似たような体験をしたことがあるかどうかが、お話の把握に影響します。ただ、どちらにしても読み聞かせは欠かすことのできない学習であること、お話の記憶は一朝一夕には力が身に付かないことを忘れないでください。試験まで毎日、さまざまなお話を読み聞かせてあげてください。この問題ですが、①から④まではお話の流れに沿って出題されています。ですから、どこまでできたかを見ることで、お子さまの記憶力を知ることができます。先に出た問題ができない場合は、後に続くお話を覚えることに集中しすぎて、前のお話を忘れてしまっていると考えられます。逆に、後に出た問題ができない場合は、お話を覚えることに集中しすぎて、後半を聞けていないと考えられます。お話全体をバランス良く覚えるには、日ごろの読み聞かせと同じように、お話の情景をイメージしながら聞くとよいでしょう。

【おすすめ問題集】

１話５分の読み聞かせお話集①②、お話の記憶　初級編・中級編・上級編、
Ｊｒ・ウオッチャー19「お話の記憶」

問題38　分野：数量（数を分ける）

〈準備〉　鉛筆

〈問題〉　この問題の絵は縦に使用してください。
左側の四角を見てください。左側の四角に描いてあるものを、右側に描いてあるものの数で分けた時、いくつずつになりますか。その数だけ、それぞれの段の右側のマス目に○を書いてください。

〈時間〉　各20秒

〈解答〉　①○：2　②○：1　③○：3　④○：3　⑤○：2

［2018年度出題］

学習のポイント

一般入試で出題された数量の問題です。数を分配する問題は、兄弟がいるお子さまにとっては慣れていることかもしれません。その理由は、日常生活において「兄弟と分けなさい」と言われることが多いため、自然と分けることを体験するからです。つまり、数の分配は、知識としてではなく、日常生活の中の経験として身に付けられるものだと言えます。数の分配の問題を解く際、その数だけ○で囲み、グルーピングをして解答をするお子さまが多いと思います。その方法については否定しません。しかし、グルーピングをしないで数をかぞえて分配行為ができ、正解を導き出せるようになることが望ましいです。小学校入試の問題には、お子さまが小学校に進学した後の授業も考えて作られたものも出題されています。ですから、できるかぎりテクニックに頼る解法を用いず、問題をしっかり理解し、よく考えて答えを導けるように練習してください。

【おすすめ問題集】

Ｊｒ・ウォッチャー40「数を分ける」

問題39　分野：図形（パズル）

〈準備〉　鉛筆

〈問題〉　左側の絵をすべて組み合わせるとできる形はどれですか。その形を、右側から選んで○をつけてください。

〈時間〉　１分

〈解答〉　①右　②左　③右　④真ん中

［2018年度出題］

学習のポイント

第一志望入試同様、一般入試でも図形分野の問題が出題されました。図形分野の練習では、ブロックなどの具体物の操作をして、図形に慣れることが基本です。その後、頭の中で絵を操作できるように練習を重ねてから、問題を解いていきます。こうしたステップを踏むことで、スムーズに問題が解けるようになります。具体物を使用すると、図形の特徴をしっかりととらえる力がつき、その力が問題を解く時の着眼点の発達に影響していきます。図形の問題では、この着眼点をとらえるスピードが１つのポイントと言えるでしょう。このポイントを踏まえておけば、選択肢の中にある違う形を瞬時に見つけ、選択肢から除外することができます。ほかの問題でのアドバイスでも触れていますが、選択肢を減らすことで正答しやすくなります。この問題の着眼点は、①左端は大きさが違い、真ん中は角の形が違う　②三角形の大きさが違う　③三角形の形が違う、円を作るにはパーツが足りない、真ん中は四角形がもとの形にはない　④右端は、頂点の数から三角形を４つ使用することは予想がつく。残った形の数から中の四角形は作れない、真ん中と左端で悩んだとき、辺の数と三角形の枚数の関係性を見抜く、などです。
まずは、このようなことを論理的に説明ができるかがポイントといえるでしょう。ですから、家庭学習においては、正誤もさることながら、解答を選択した根拠も説明させることで、理解度を確認することができます。

【おすすめ問題集】

Ｊｒ・ウォッチャー３「パズル」

問題40　分野：言語（言葉の音）

〈準備〉　鉛筆

〈問題〉　左の絵のはじめの音を組み合わせてできるものを、右の絵から選び、○をつけてください。

〈時間〉　各10秒

〈解答例〉　①右端（エビ）　②真ん中（アメ）　③右端（クジラ）　④右端（バイク）

［2018年度出題］

学習のポイント

イラストが表しているものの名前の「音」を理解し、それを組み合わせた別の言葉を見つける問題です。言語の問題では、問題の趣旨を理解して、それに沿った解答をすることも大事です。言葉が「音」のつながりでできていることを理解できていると、ルールの理解もスムーズになります。先頭の音、２番目の音など問題によく使われる表現を、日々の練習の中で確認していくことをおすすめします。同じ音で始まる言葉集めや３番目の音をあてる遊びなども、ものの名前や音の並びへの意識を高めるために効果的です。

【おすすめ問題集】

Ｊｒ・ウオッチャー17「言葉の音遊び」、60「言葉の音（おん）」

問題 8

① ② ③ ④ ⑤

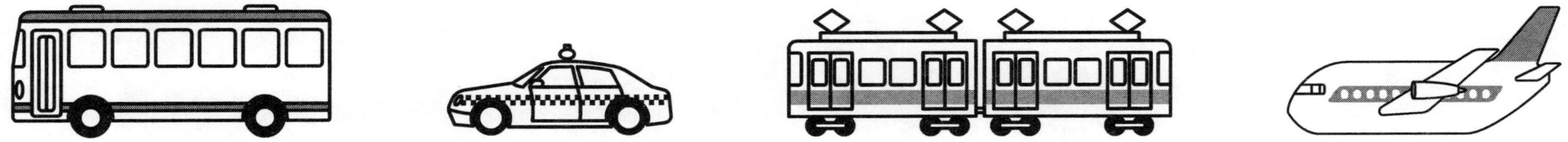

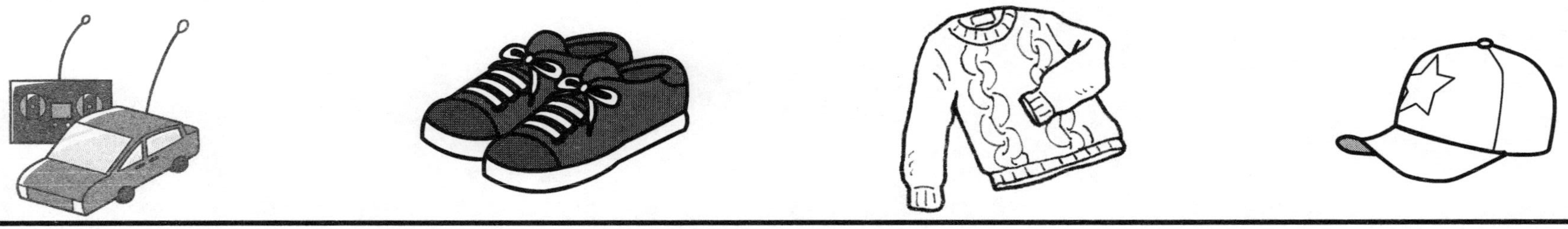

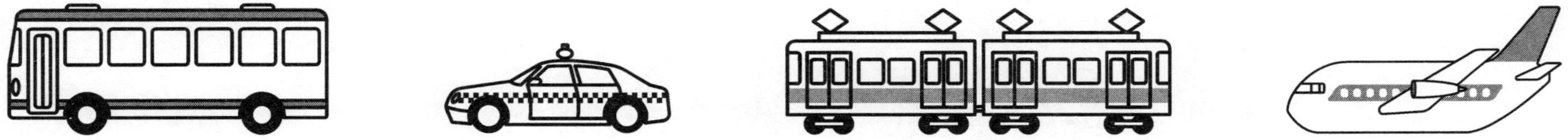

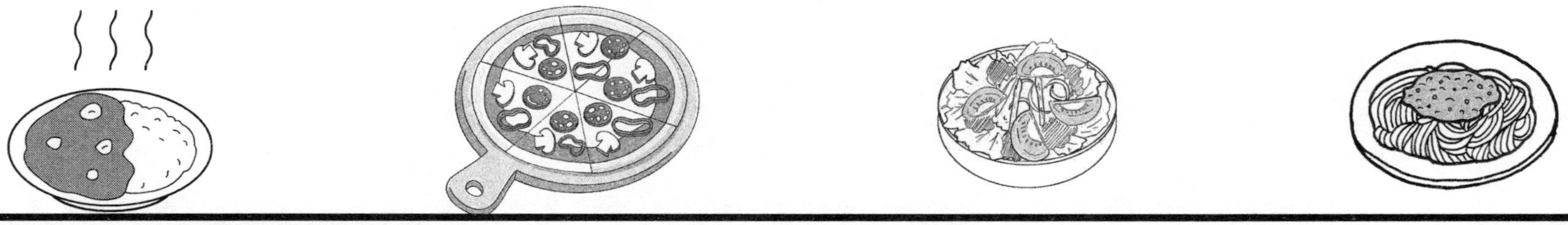

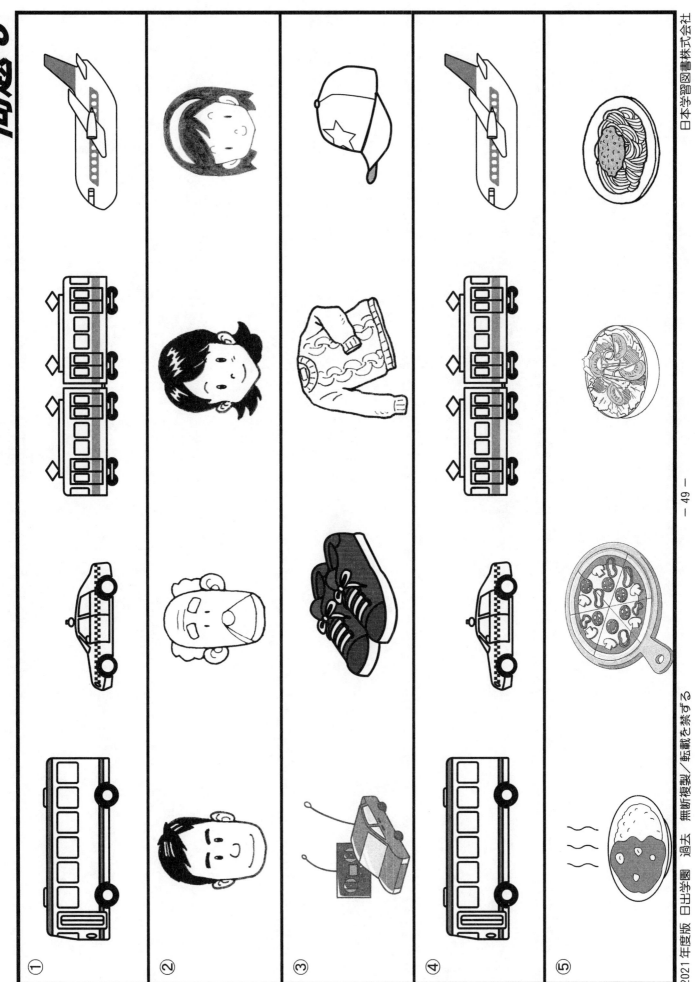

2021 年度版　日出学園　過去　無断複製／転載を禁ずる　日本学習図書株式会社

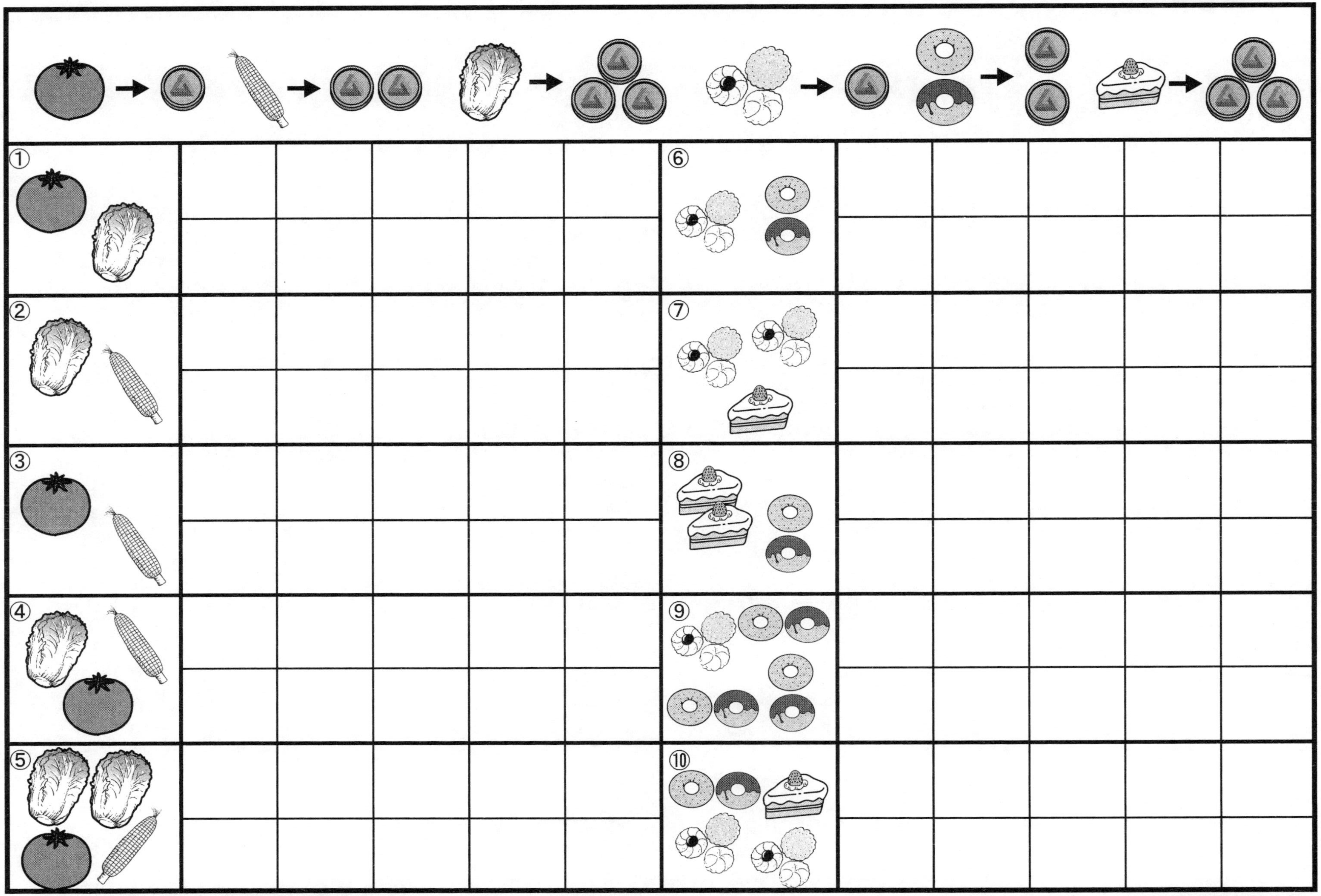

問題１０

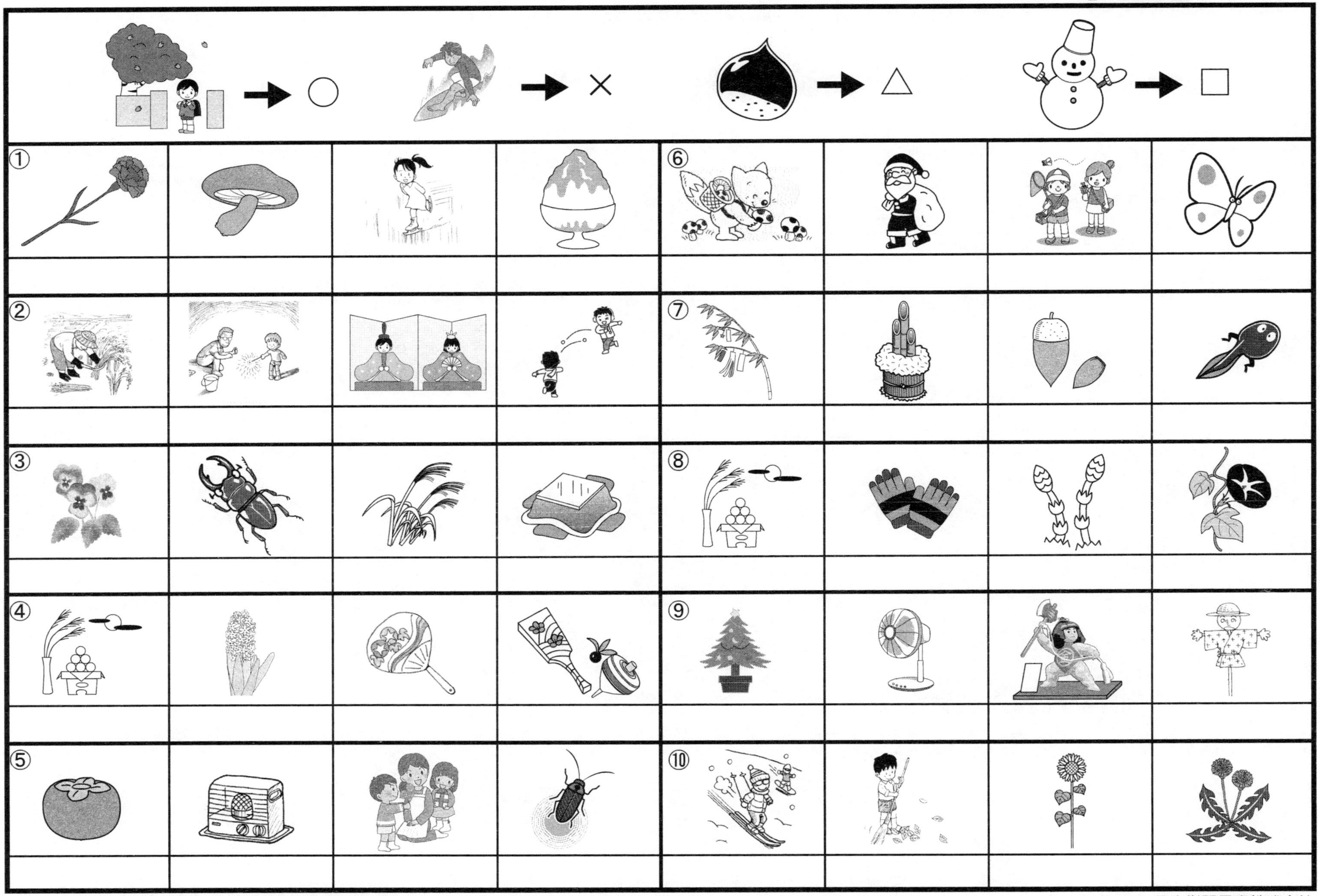

日本学習図書株式会社

問題１１

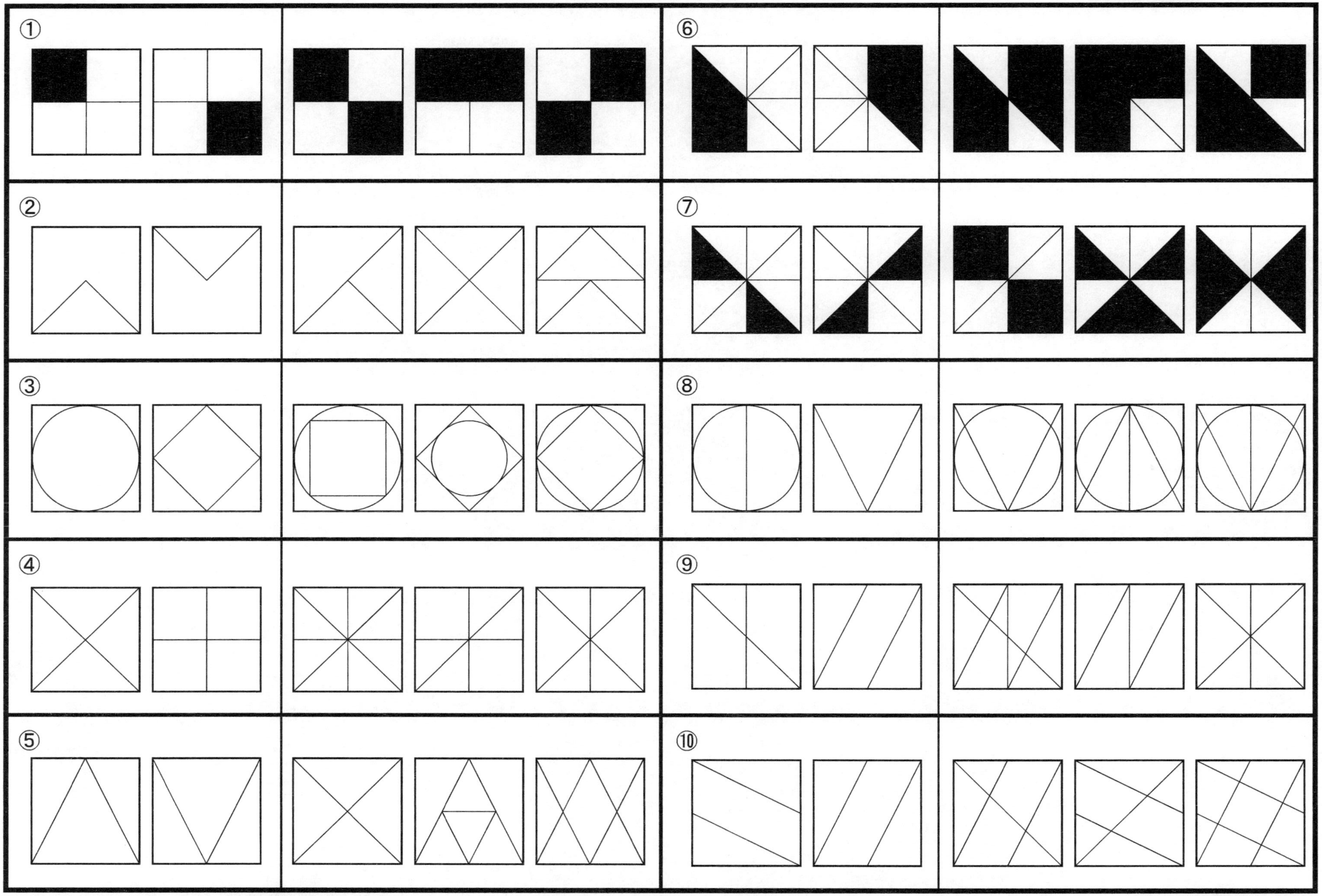

日本学習図書株式会社

2021年度版 日出学園 過去 無断複製/転載を禁ずる

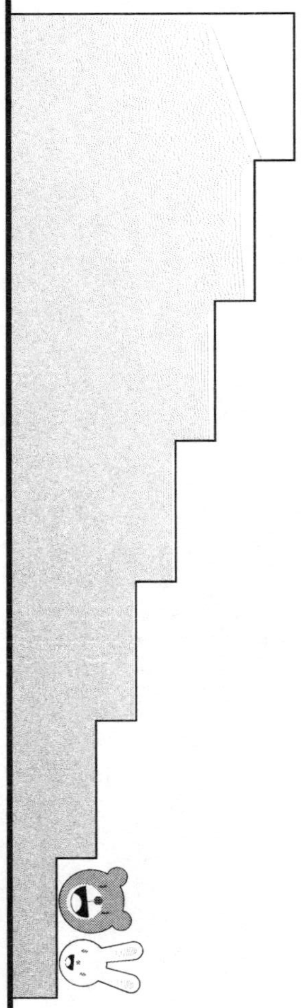

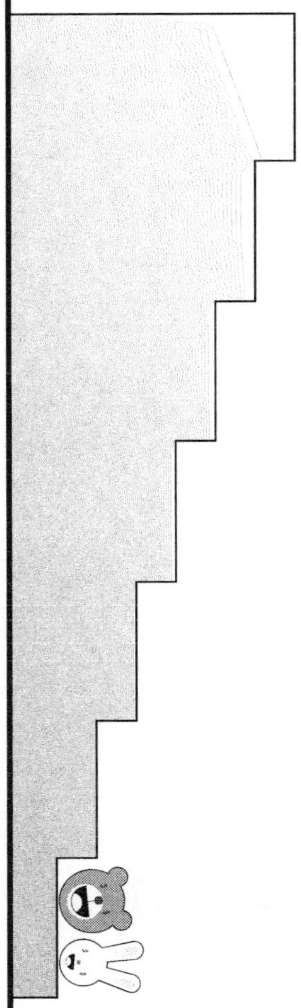

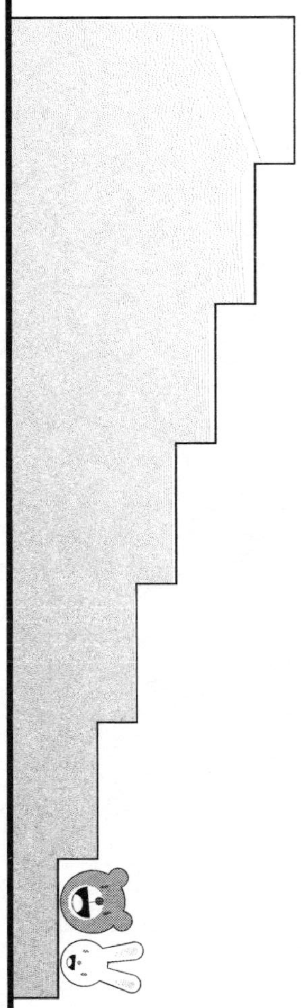

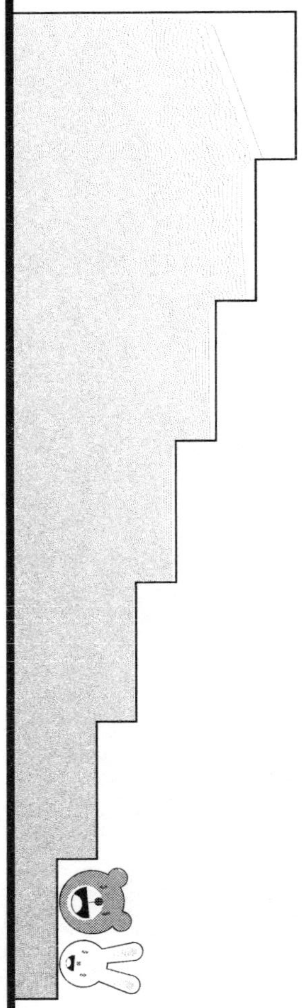

問題１３

①

②

③

④

⑤

日本学習図書株式会社

2021年度版 日出学園 過去 無断複製／転載を禁ずる

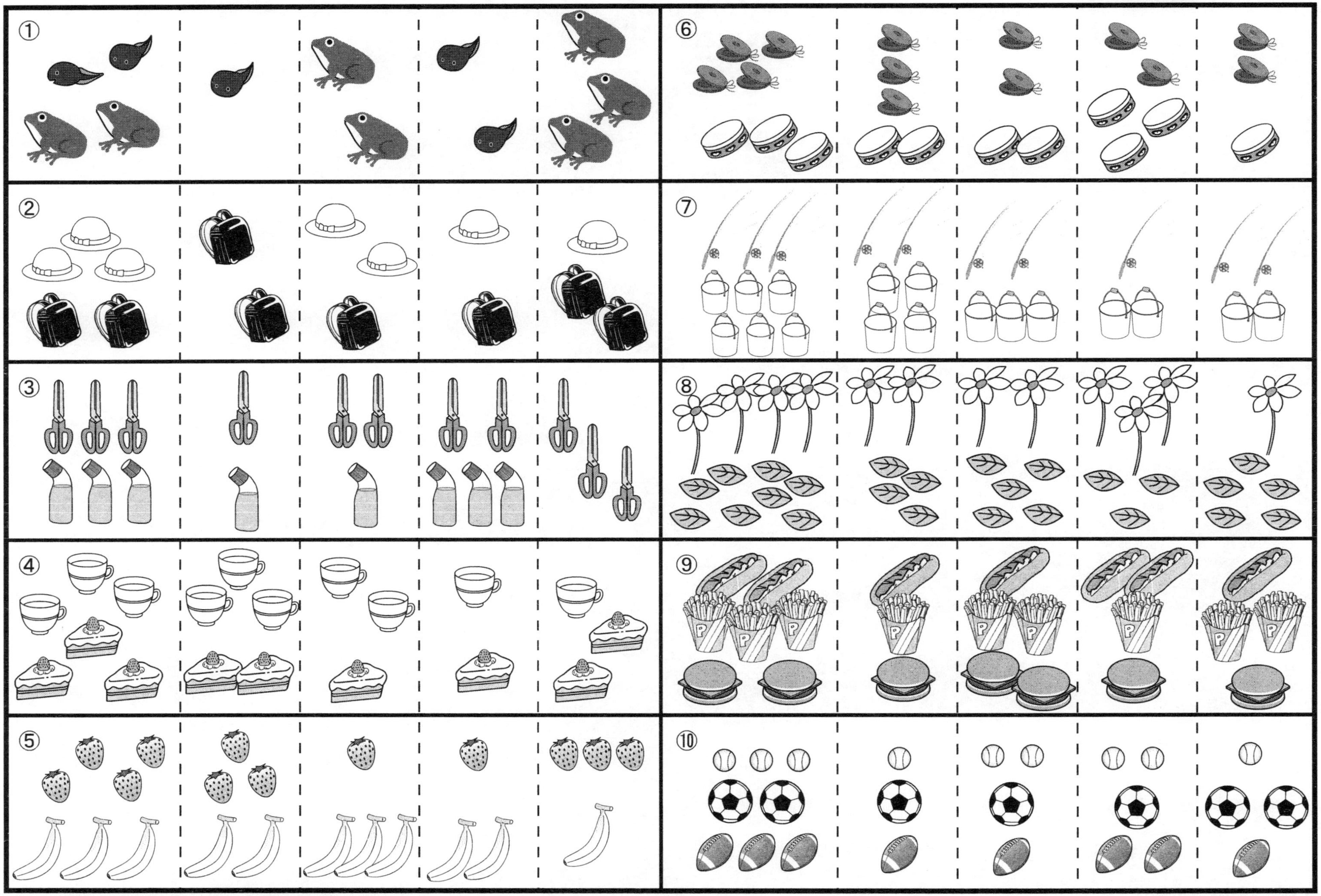

問題 15

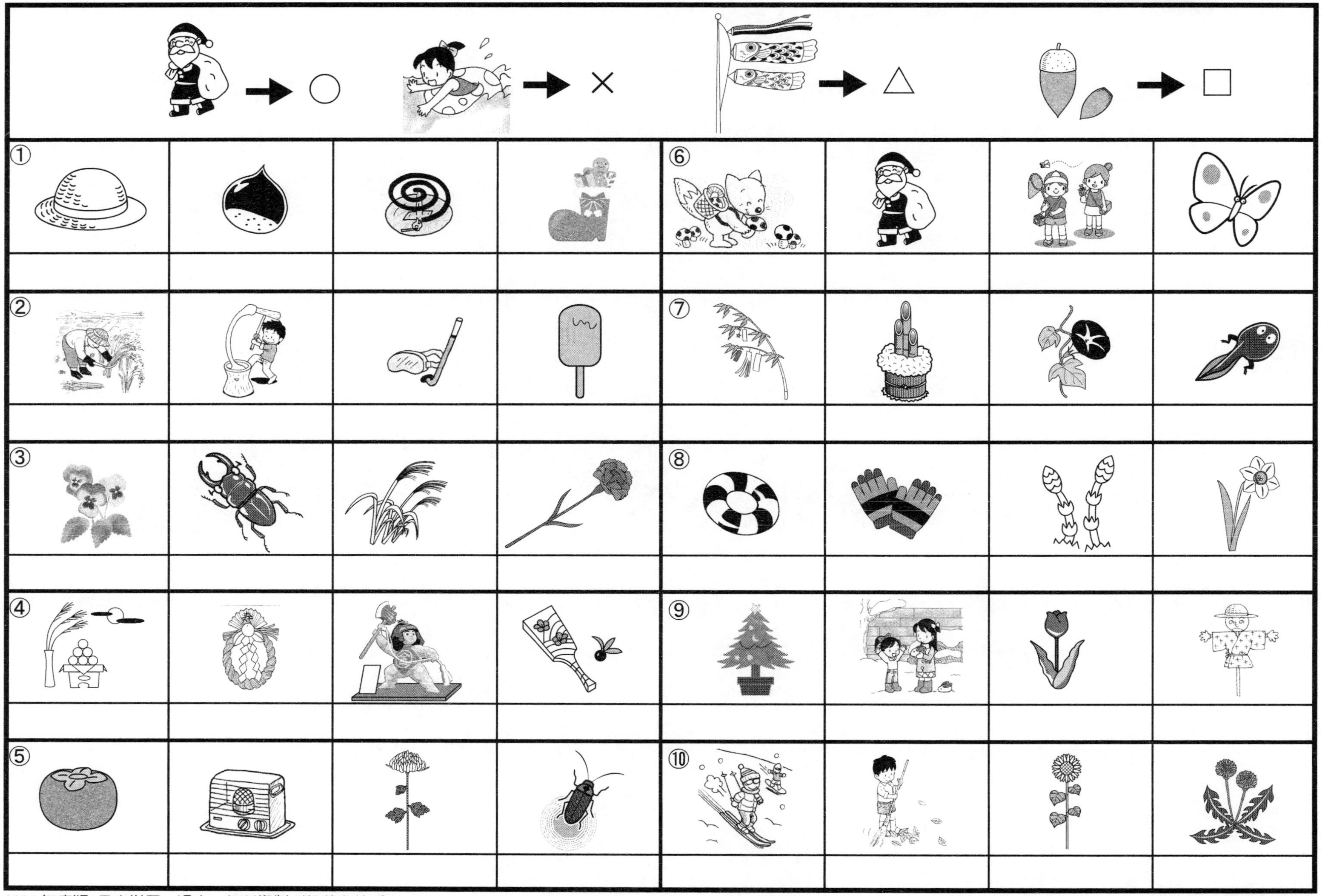

⑥ ⑦ ⑧ ⑨ ⑩

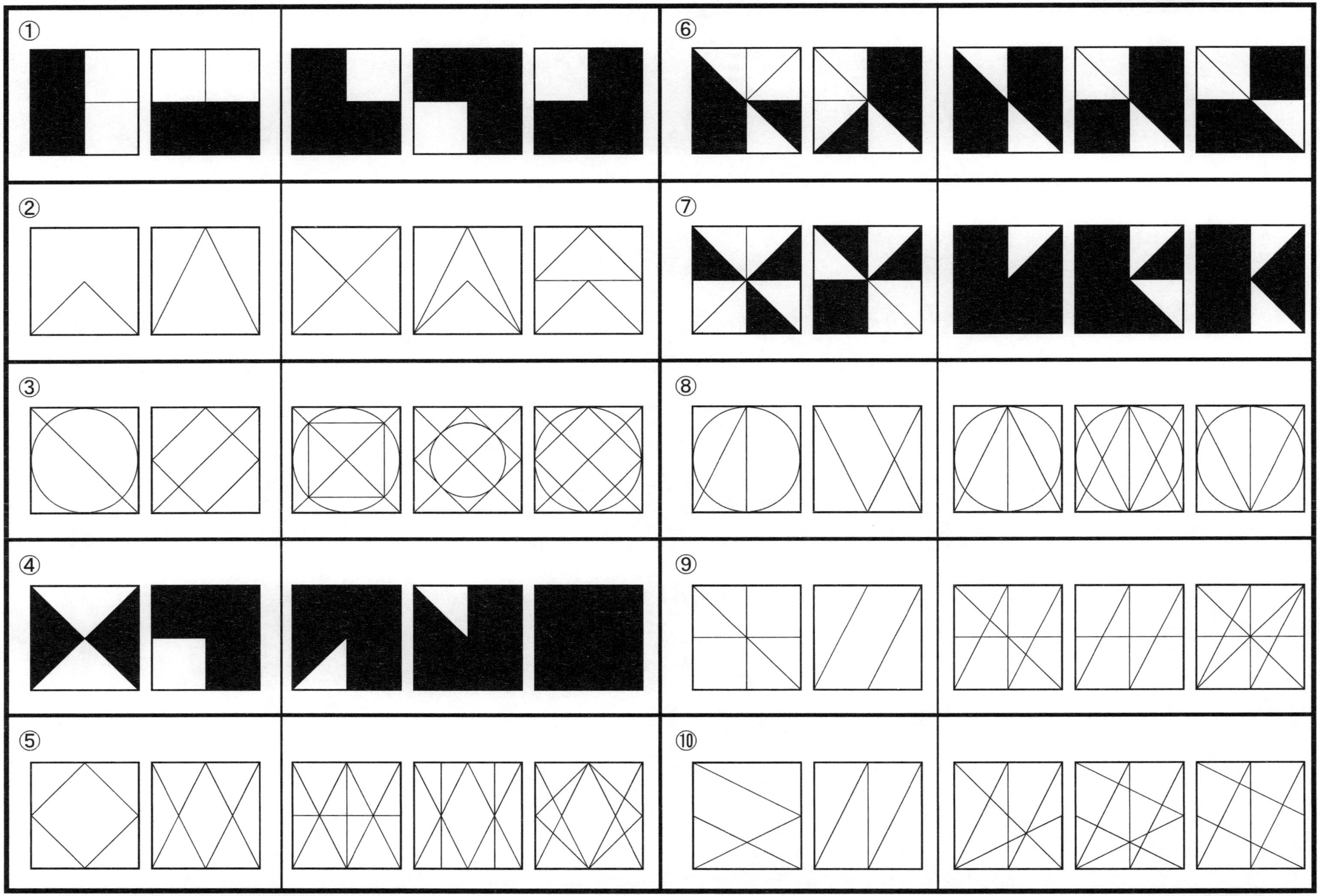

問題１７

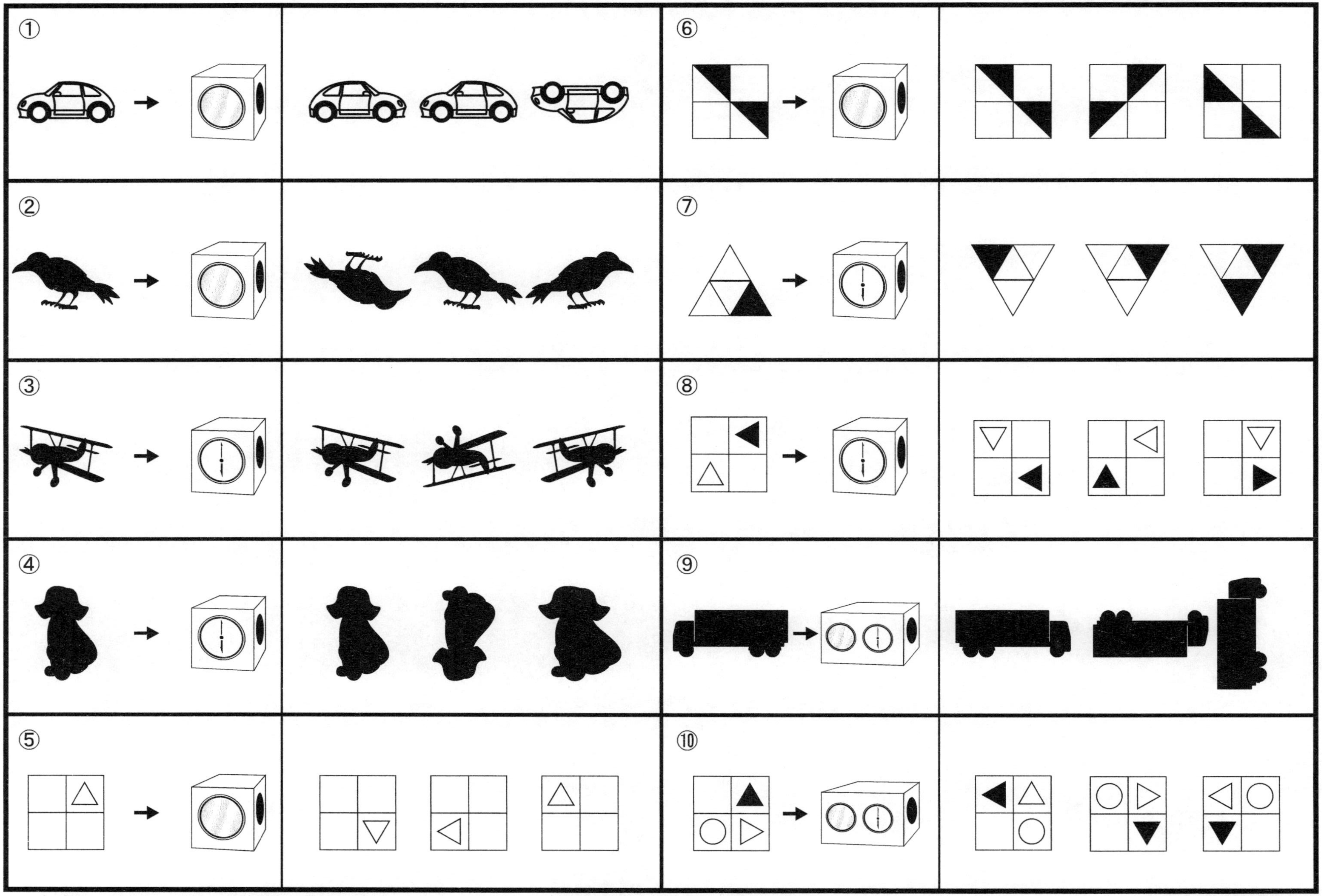

問題19

問題２０

①

②

③

④

⑤

問題2 1－1

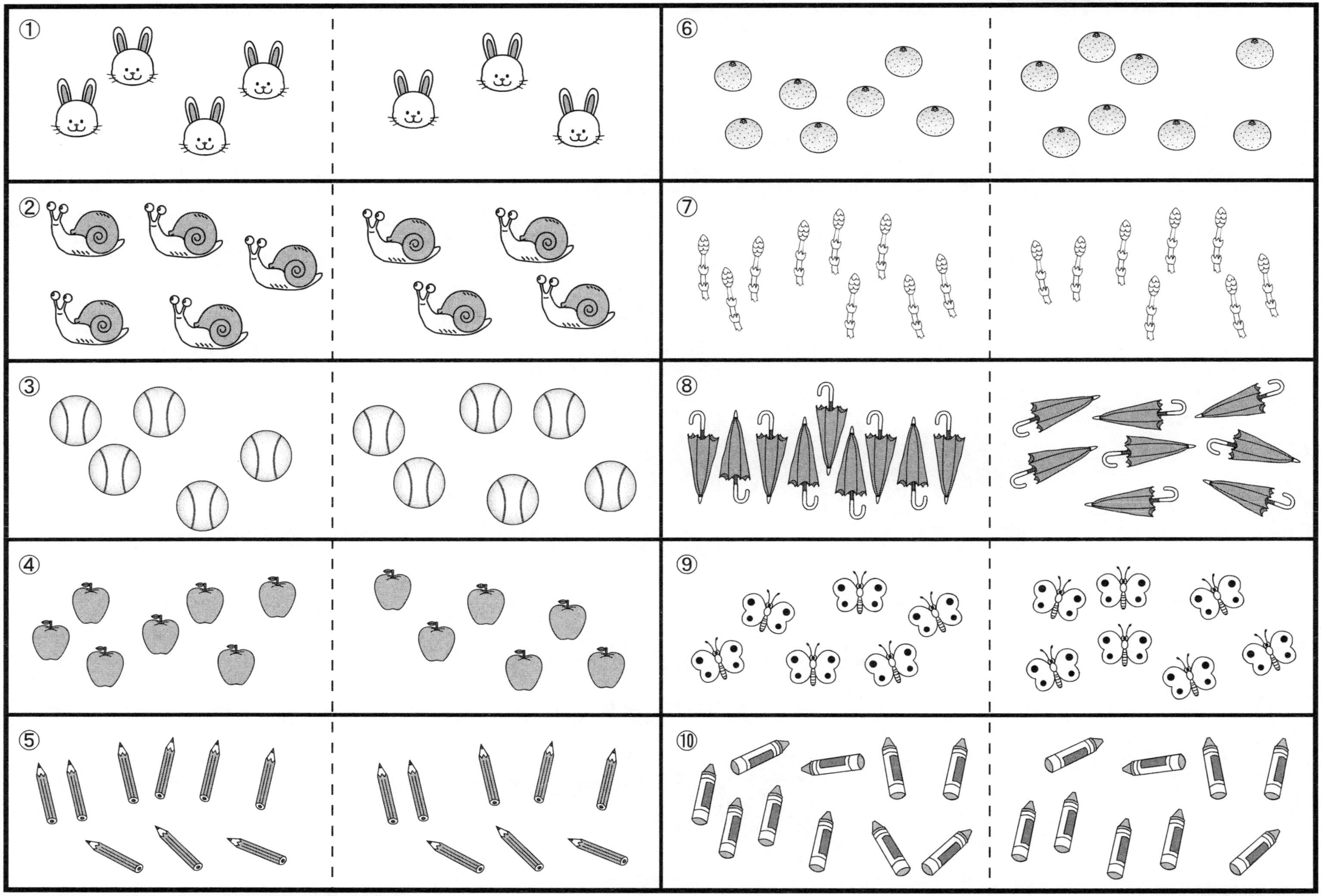
①
②
③
④
⑤
⑥
⑦
⑧
⑨
⑩

問題21−2

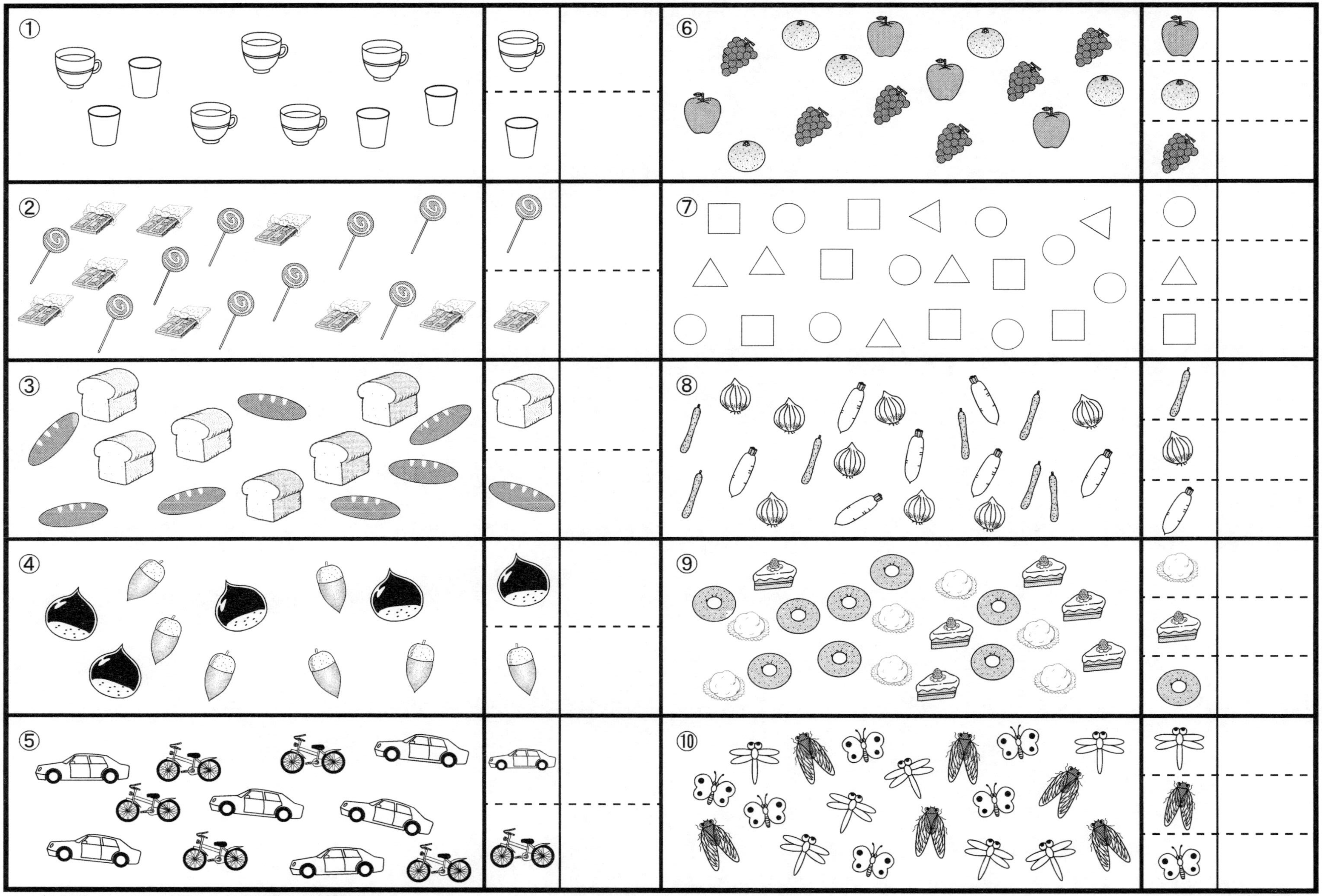

日本学習図書株式会社

問題２２

①

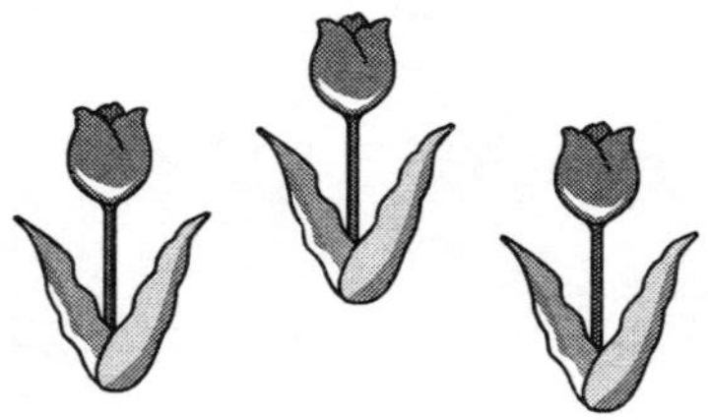

②

③

④

⑤

⑥

⑦

⑧

⑨

⑩

日本学習図書株式会社

2021 年度版 日出学園 過去 無断複製／転載を禁ずる

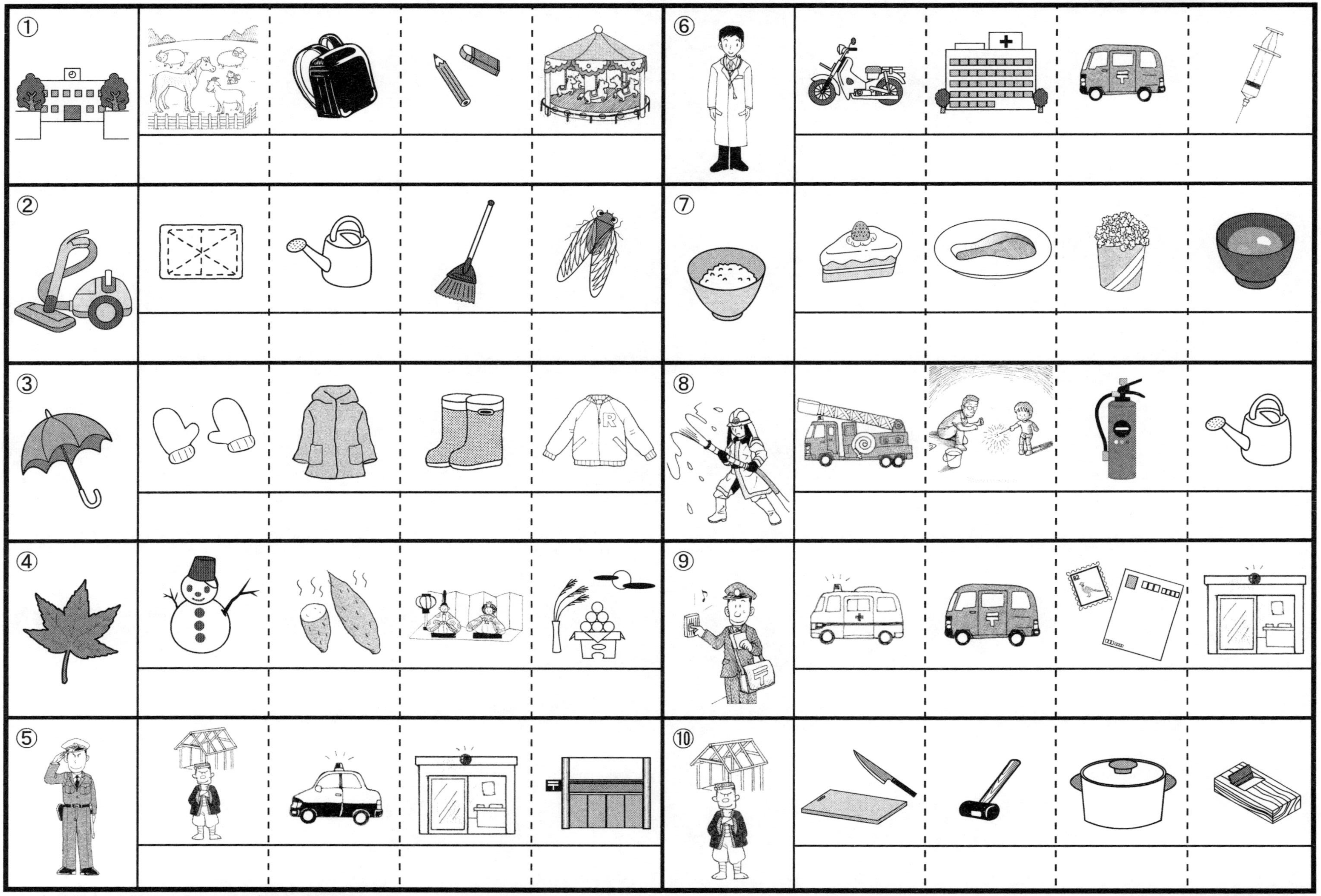

問題24－1

日本学習図書株式会社

2021年度版 日出学園 過去 無断複製／転載を禁ずる

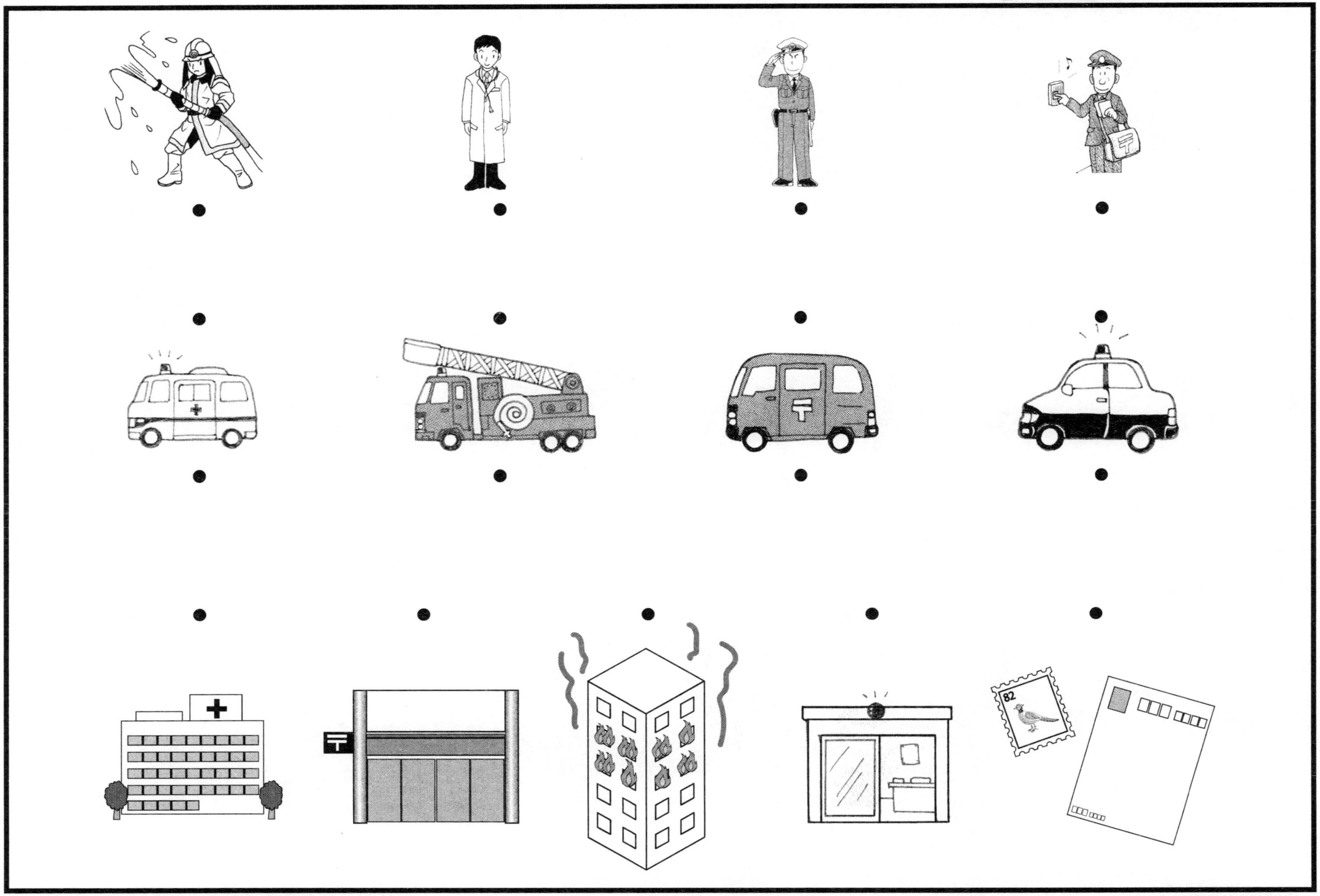

問題25－1

①

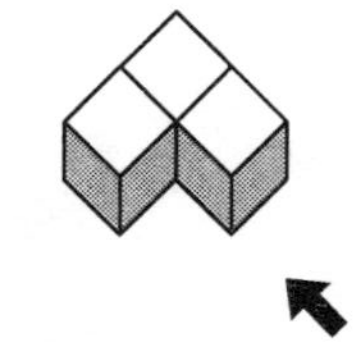

②

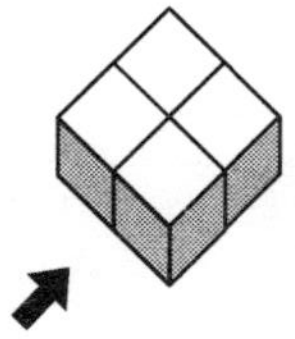

③

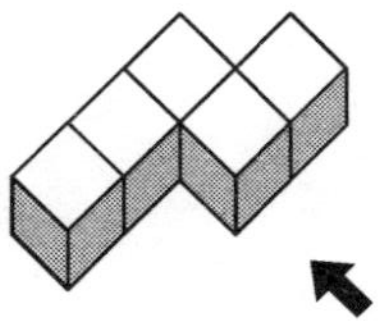

④

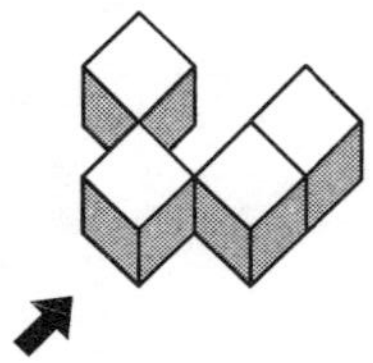

⑤

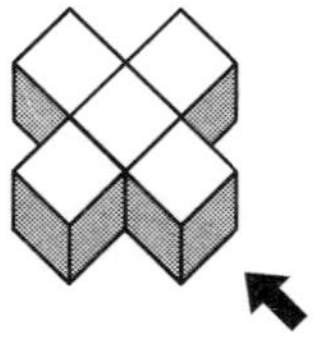

⑥

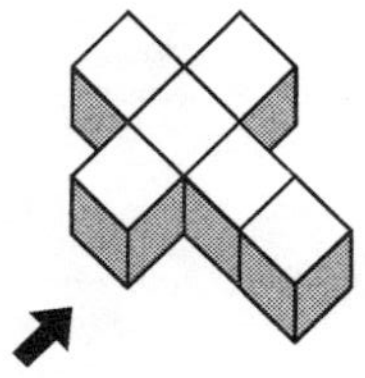

⑦

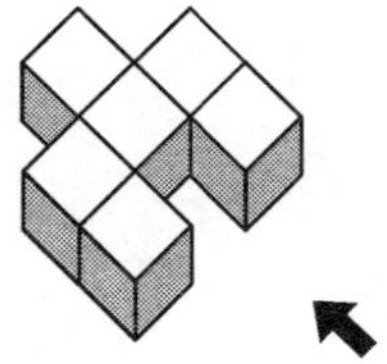

⑧

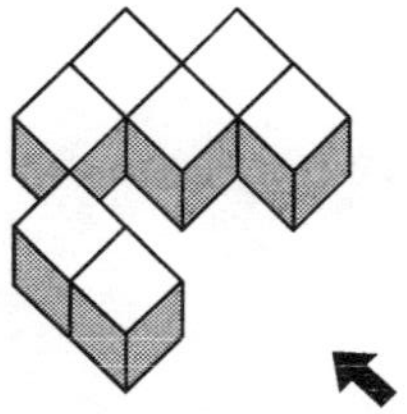

⑨

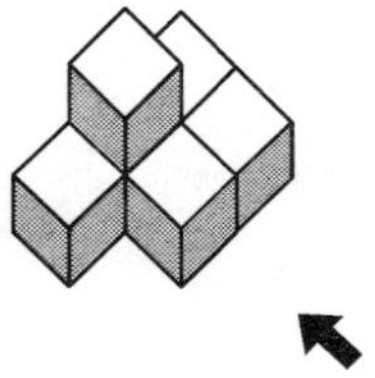

⑩

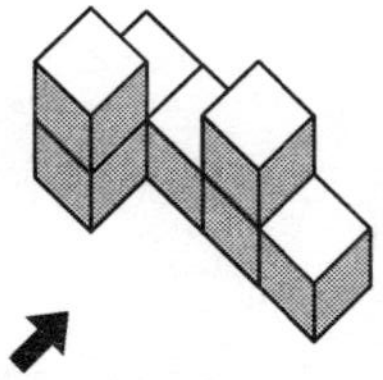

日本学習図書株式会社

問題25－2

①

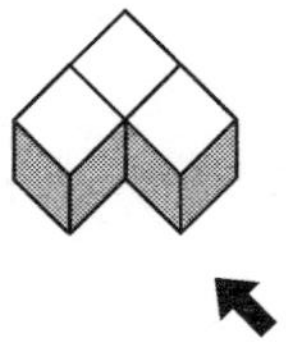

②

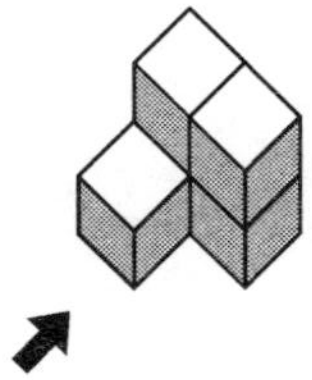

③

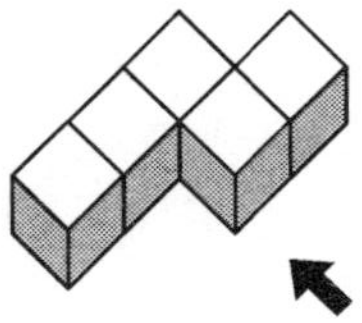

④

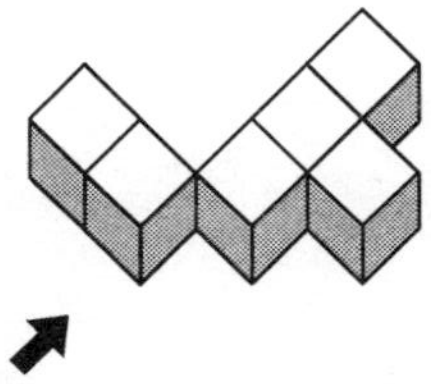

⑤

⑥

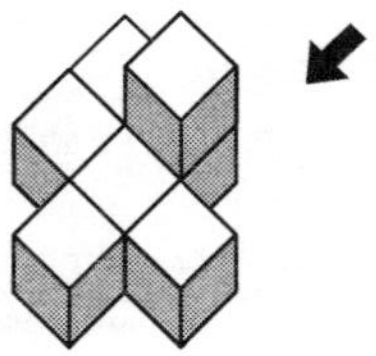

⑦

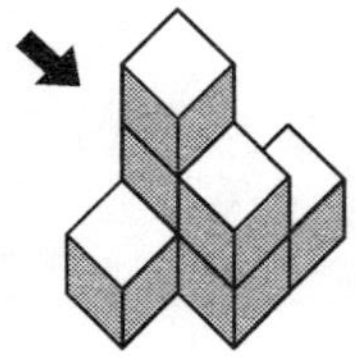

⑧

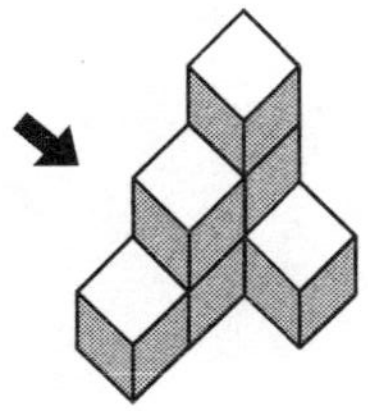

⑨

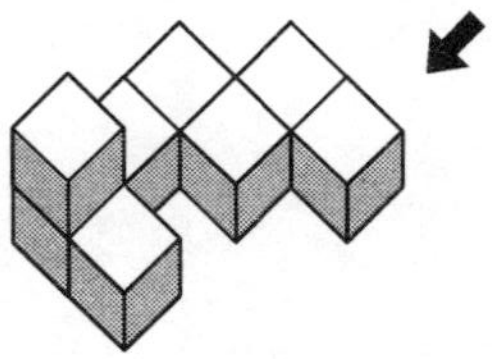

⑩

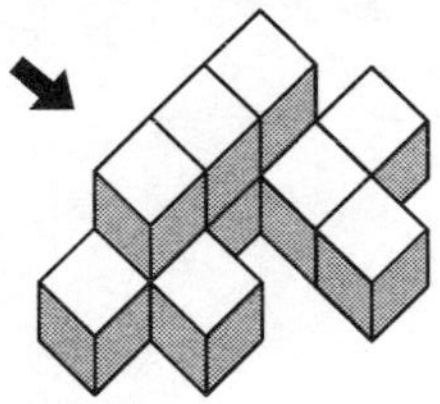

問題２５－３

①

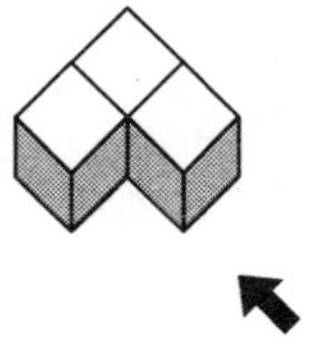

②

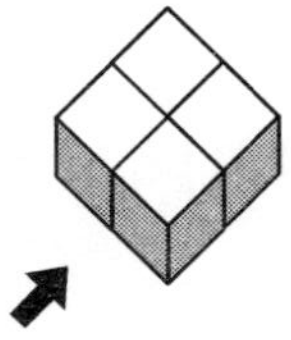

③

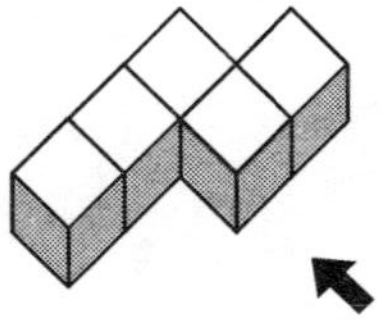

④

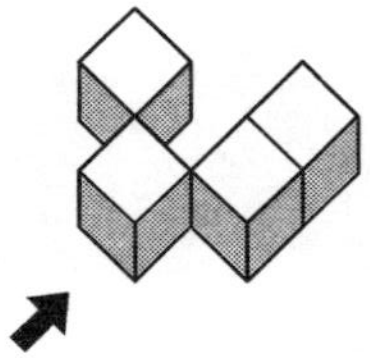

⑤

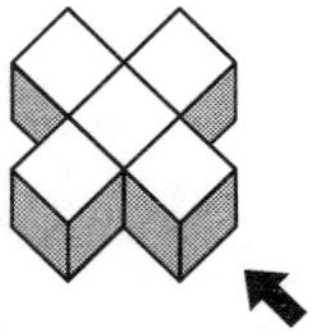

⑥

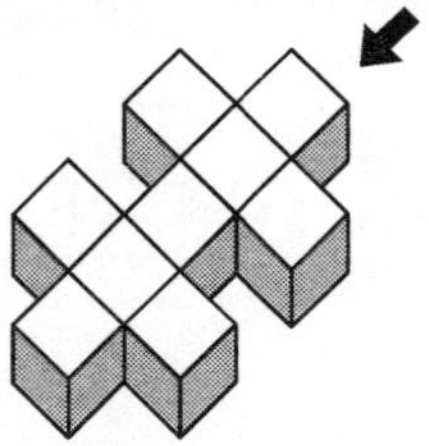

⑦

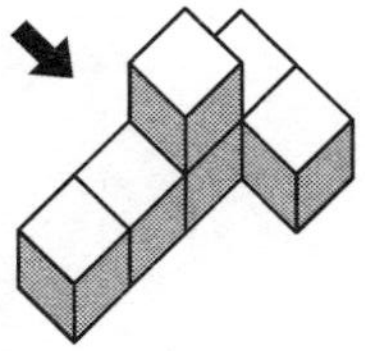

⑧

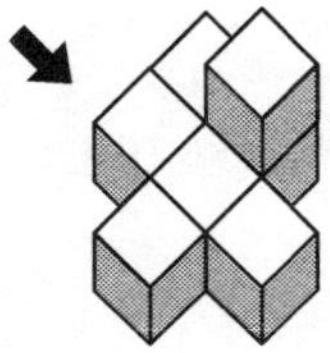

⑨

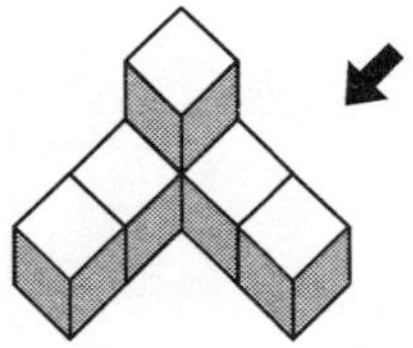

⑩

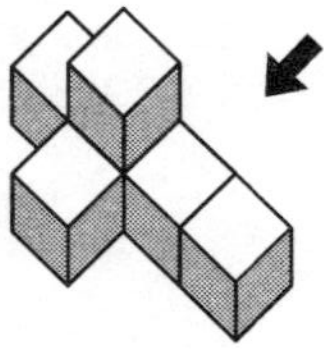

2021 年度版 日出学園 過去 無断複製／転載を禁ずる

日本学習図書株式会社

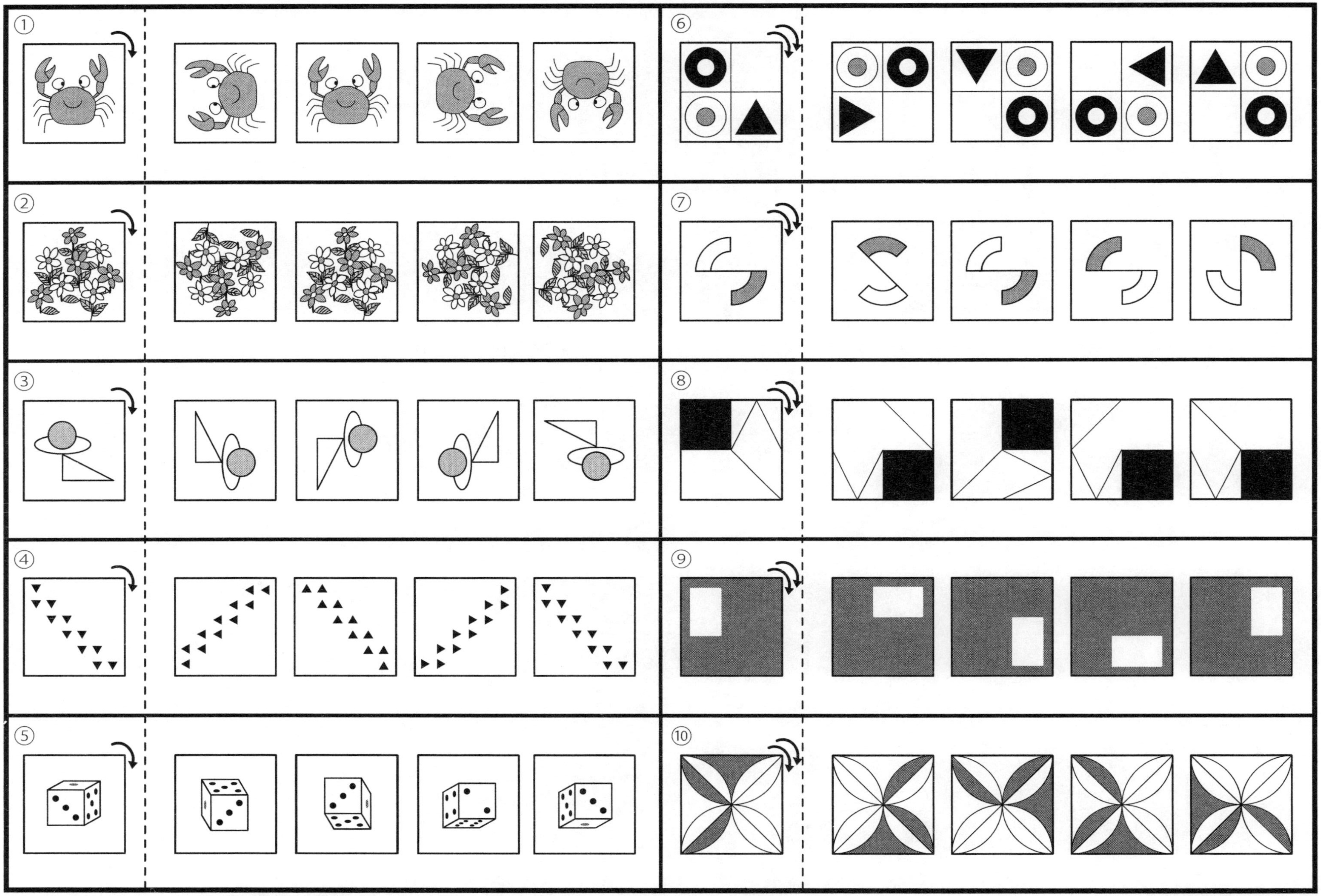

①②

③④

⑤日本学習図書株式会社

2021年度版 日出学園 過去 無断複製／転載を禁ずる

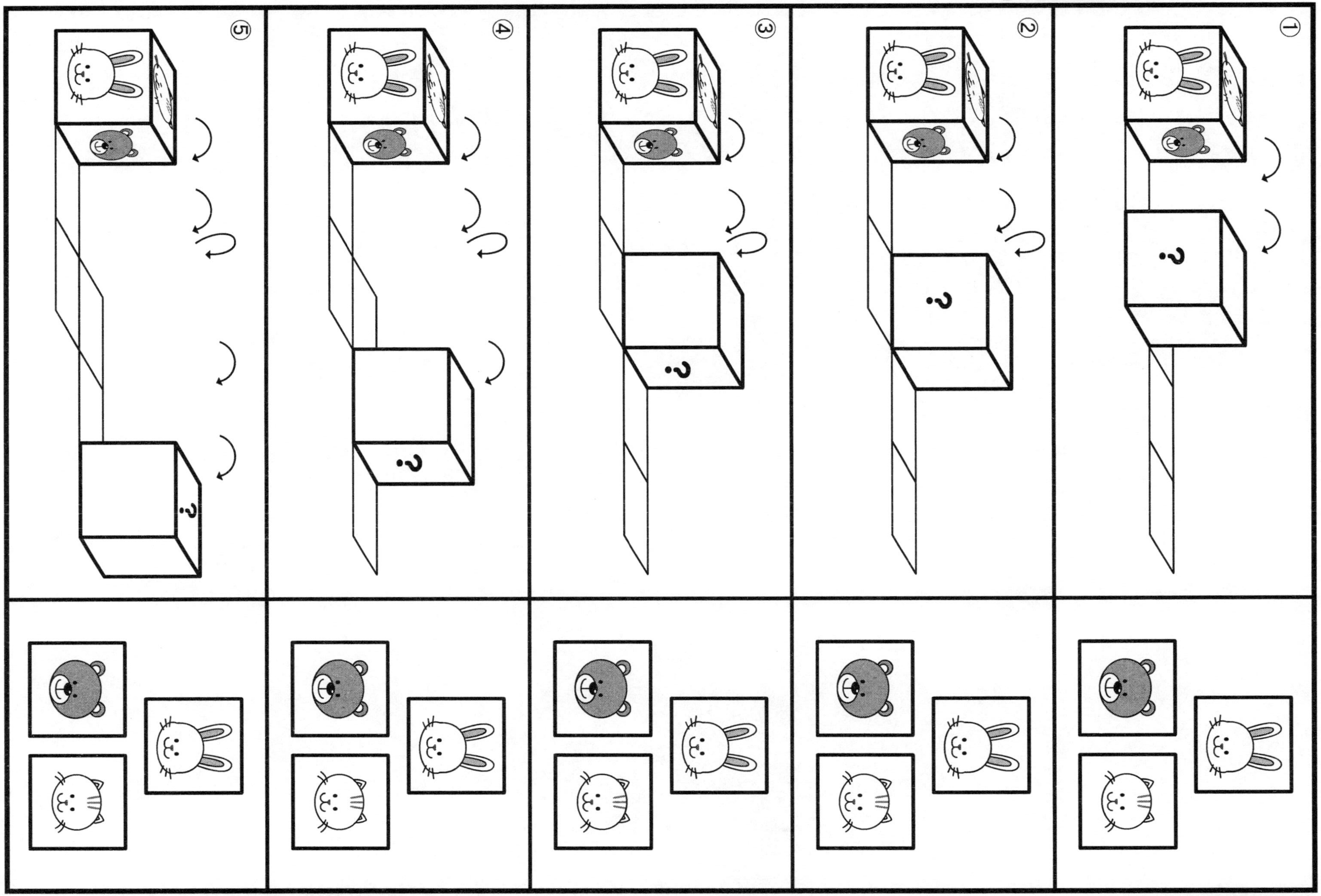

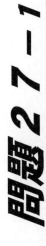

☆日出学園小学校　　　　　　　　　　　　　　2021年度版 日出学園 過去 無断複製／転載を禁ずる

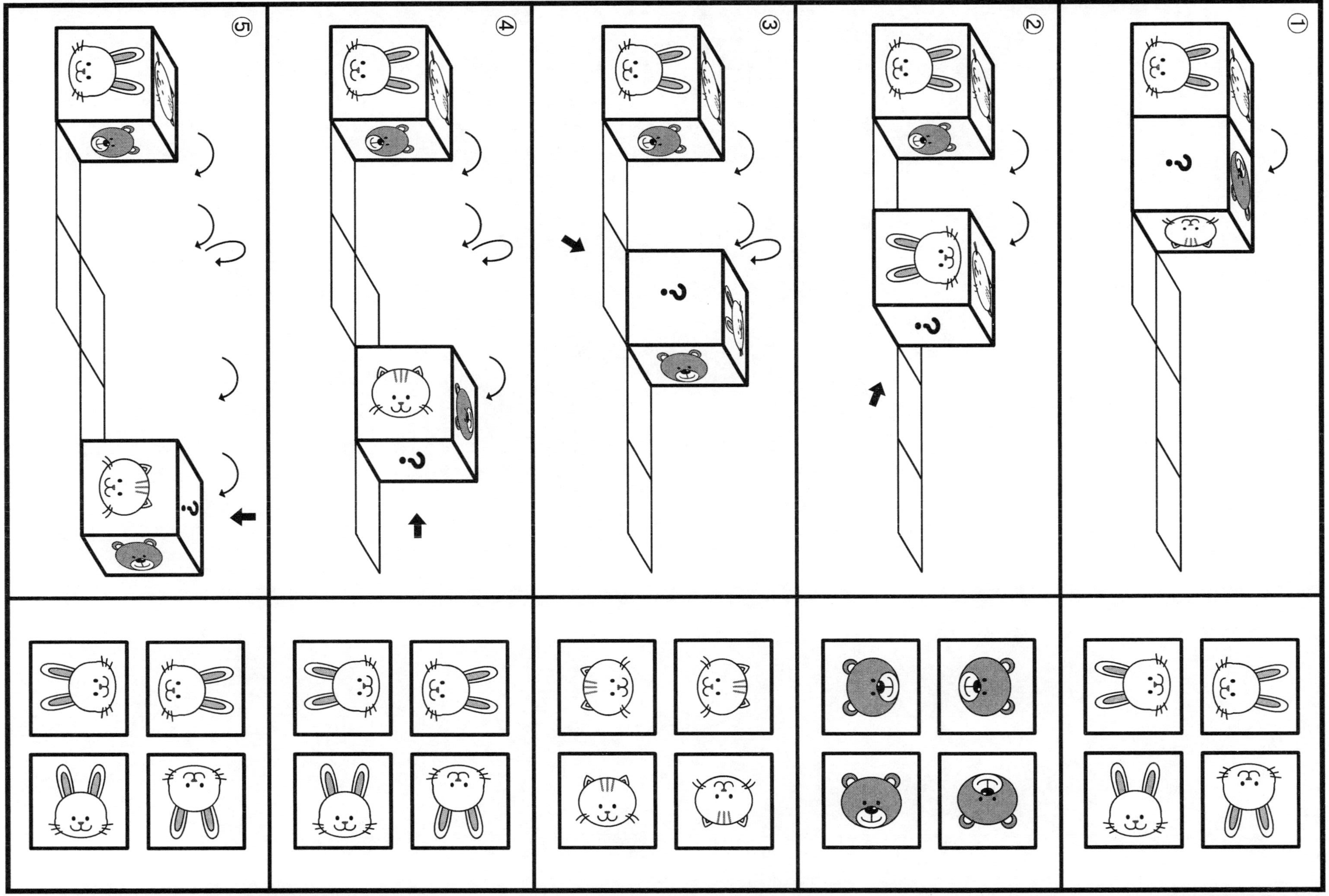

問題37

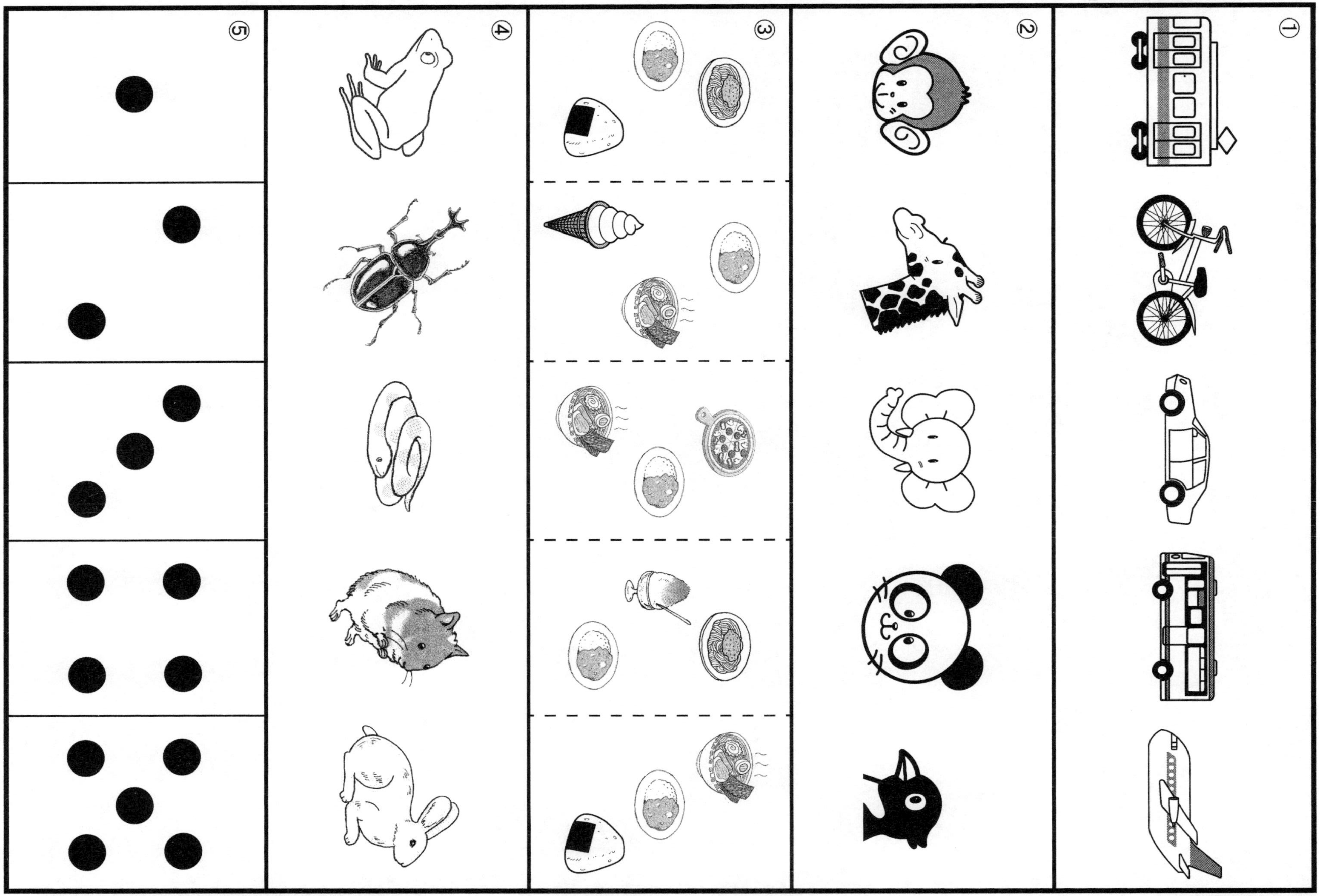

問題38

①

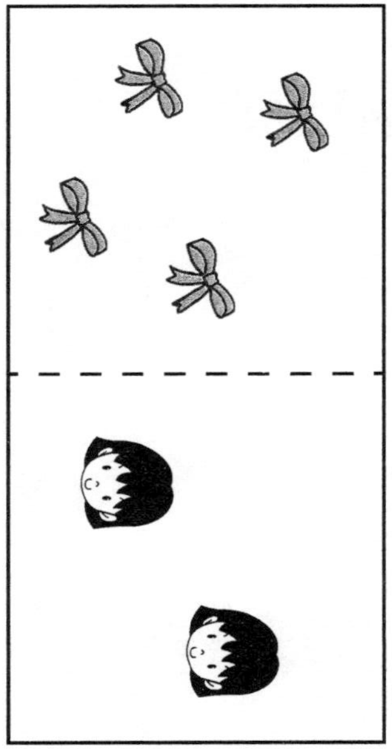

②

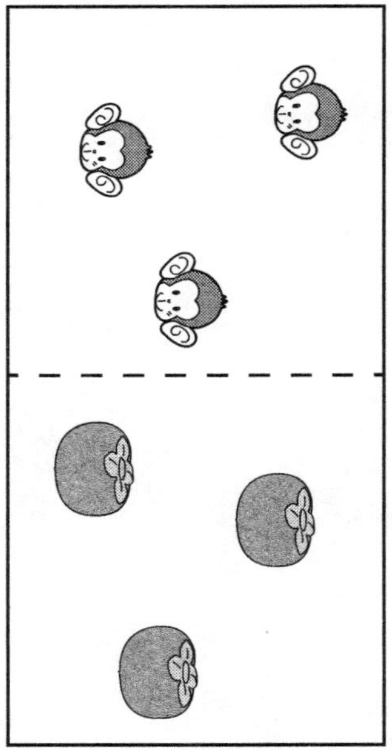

③

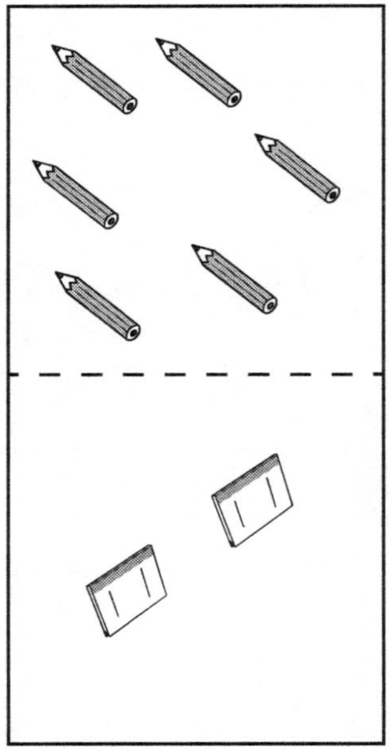

④

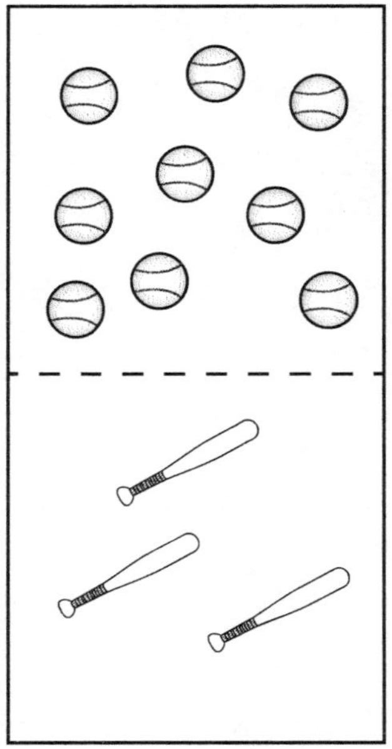

⑤

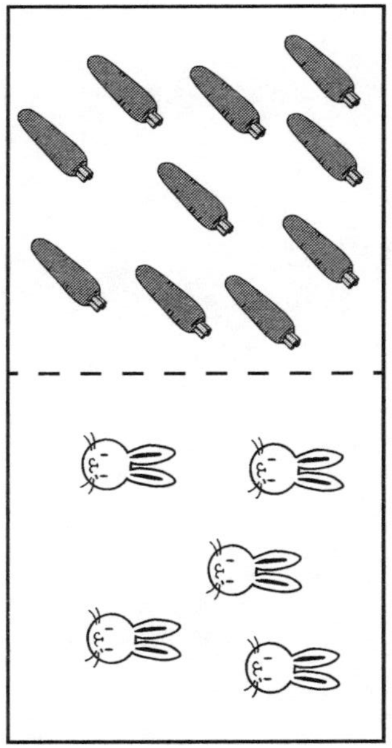

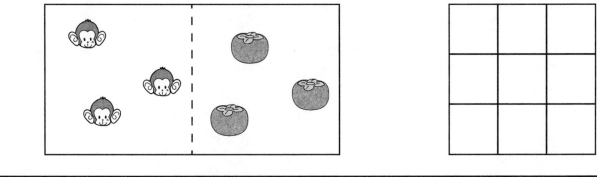

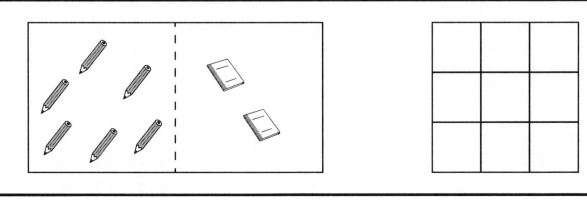

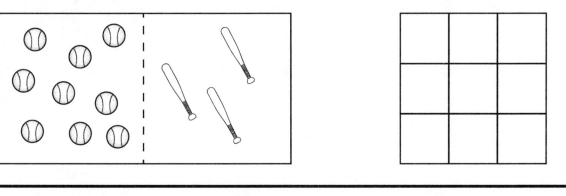

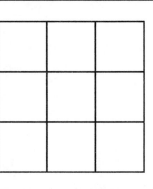

問題３９

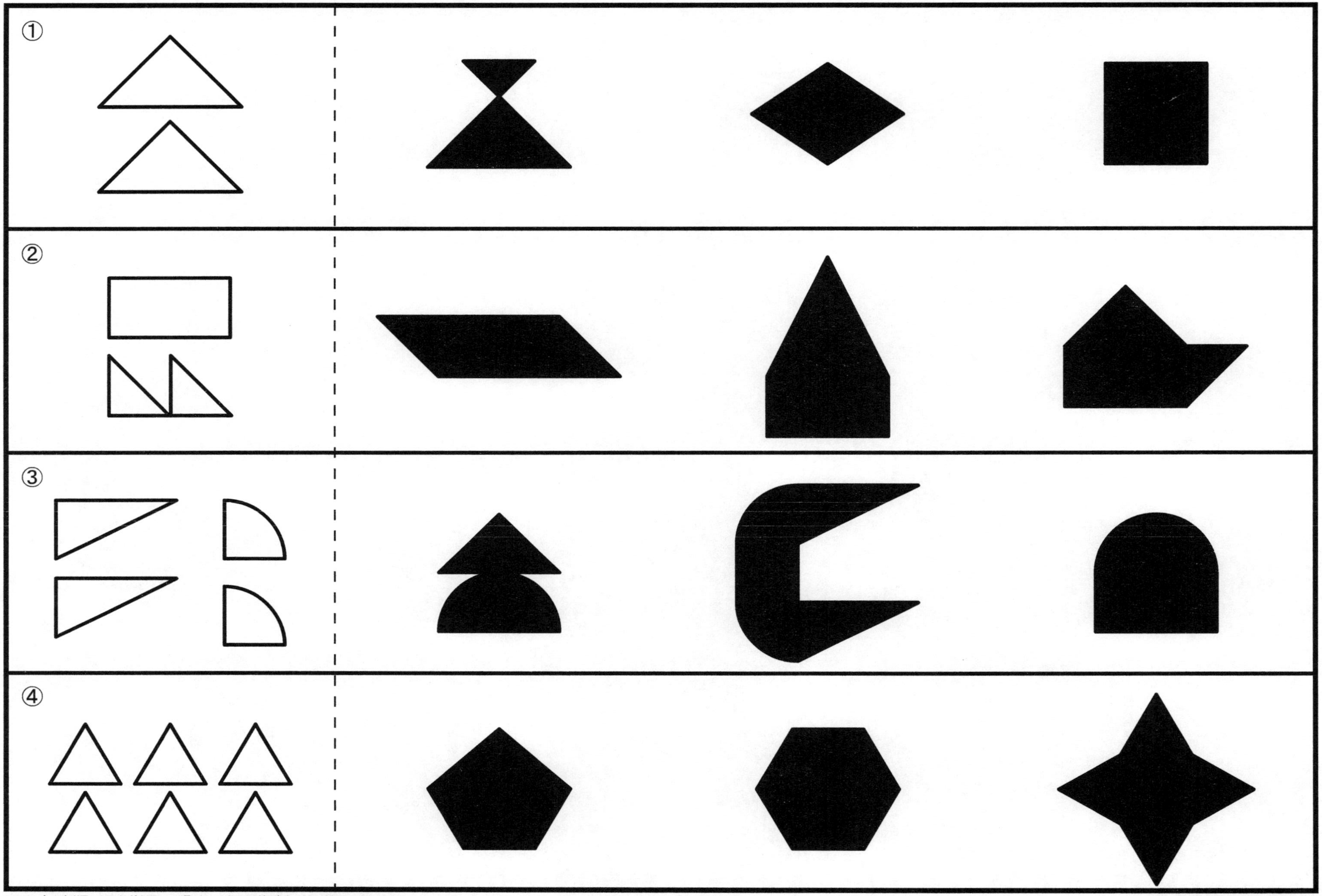

問題４０

分野別 小学入試練習帳 ジュニアウォッチャー

1. 点・線図形	小学校入試で出題頻度の高い『点・線図形』の模写を、難易度の低いものから段階別に幅広く練習することができるように構成。
2. 座標	図形の位置模写という作業を、難易度の低いものから段階別に練習できるように構成。
3. パズル	様々なパズルの問題を難易度の低いものから段階別に練習できるように構成。
4. 同図形探し	小学校入試で出題頻度の高い、同図形選びの問題を繰り返し練習できるように構成。
5. 回転・展開	図形などを回転、または展開したとき、形がどのように変化するかを学習し、理解を深められるように構成。
6. 系列	数、図形などの様々な系列問題を、難易度の低いものから段階別に練習できるように構成。
7. 迷路	迷路の問題を繰り返し練習できるように構成。
8. 対称	対称に関する問題を４つのテーマに分類し、各テーマごとに問題を段階別に練習できるように構成。
9. 合成	図形の合成に関する問題を、難易度の低いものから段階別に練習できるように構成。
10. 四方からの観察	もの（立体）を様々な角度から見て、どのように見えるかを推理する問題を段階別に整理し、１つの形式で複数の問題を練習できるように構成。
11. いろいろな仲間	ものや動物、植物の共通点を見つけ、分類していく問題を中心に構成。
12. 日常生活	日常生活における様々な問題を６つのテーマに分類し、各テーマごとに一つの問題形式で複数の問題を練習できるように構成。
13. 時間の流れ	『時間』に着目し、様々なものごとは、時間が経過するとどのように変化するのかということを学習し、理解できるように構成。
14. 数える	様々なものを『数える』ことから、数の多少の判定やかけ算、わり算の基礎までを練習できるように構成。
15. 比較	比較に関する問題を５つのテーマ（数、高さ、長さ、量、重さ）に分類し、各テーマごとに問題を段階別に練習できるように構成。
16. 積み木	数える対象を積み木に限定した問題集。
17. 言葉の音遊び	言葉の音に関する問題を５つのテーマに分類し、各テーマごとに問題を段階別に練習できるように構成。
18. いろいろな言葉	表現力をより豊かにするいろいろな言葉として、擬態語や擬声語、同音異義語、反意語、数詞を取り上げた問題集。
19. お話の記憶	お話を聴いてその内容を記憶、理解し、設問に答える形式の問題集。
20. 見る記憶・聴く記憶	「見て憶える」「聴いて憶える」という『記憶』分野に特化した問題集。
21. お話作り	いくつかの絵を元にしてお話を作る練習をして、想像力を養うことができるように構成。
22. 想像画	描かれてある形や景色に好きな絵を描くことにより、想像力を養うことができるように構成。
23. 切る・貼る・塗る	小学校入試で出題頻度の高い、はさみやのりなどを用いた巧緻性の問題を繰り返し練習できるように構成。
24・絵画	小学校入試で出題頻度の高い、お絵かきやぬり絵などクレヨンやクーピーペンを用いた巧緻性の問題を繰り返し練習できるように構成。
25. 生活巧緻性	小学校入試で出題頻度の高い日常生活の様々な場面における巧緻性の問題集。
26. 文字・数字	ひらがなの清音、濁音、拗音、拗長音、促音と１～20までの数字に焦点を絞り、練習できるように構成。
27. 理科	小学校入試で出題頻度が高くなりつつある理科の問題を集めた問題集。
28. 運動	出題頻度の高い運動問題を種目別に分けて構成。
29. 行動観察	項目ごとに問題提起をし、「このような時はどうか、あるいはどう対処するのか」の観点から問いかける形式の問題集。
30. 生活習慣	学校から家庭に提起された問題と思って、一問一問絵を見ながら話し合い、考える形式の問題集。

31. 推理思考	数、量、言語、常識（含理科、一般）など、諸々のジャンルから問題を構成し、近年の小学校入試問題傾向に沿って構成。
32. ブラックボックス	箱や筒の中を通ると、どのようなお約束でどのように変化するかを推理・思考する問題集。
33. シーソー	重さの違うものをシーソーに乗せた時どちらに傾くのか、またどうすればシーソーは釣り合うのかを思考する基礎的な問題集。
34. 季節	様々な行事や植物などを季節別に分類できるように知識をつける問題集。
35. 重ね図形	小学校入試で頻繁に出題されている「図形を重ね合わせてできる形」についての問題を集めました。
36. 同数発見	様々な物を数え「同じ数」を発見し、数の多少の判断や数の認識の基礎を学べるように構成した問題集。
37. 選んで数える	数の学習の基本となる、いろいろなものの数を正しく数える学習を行う問題集。
38. たし算・ひき算1	数字を使わず、たし算とひき算の基礎を身につけるための問題集。
39. たし算・ひき算2	数字を使わず、たし算とひき算の基礎を身につけるための問題集。
40. 数を分ける	数を等しく分ける問題です。等しく分けたときに余りが出るものもあります。
41. 数の構成	ある数がどのような数で構成されているか学んでいきます。
42. 一対多の対応	一対一の対応から、一対多の対応まで、かけ算の考え方の基礎学習を行います。
43. 数のやりとり	あげたり、もらったり、数の変化をしっかりと学びます。
44. 見えない数	指定された条件から数を導き出します。
45. 図形分割	図形の分割に関する問題集。パズルや合成の分野にも通じる様々な問題を集めました。
46. 回転図形	「回転図形」に関する問題集。やさしい問題から始め、いくつかの代表的なパターンから、段階を踏んで学習できるよう編集されています。
47. 座標の移動	「マス目の指示通りに移動する問題」と「指示された数だけ移動する問題」を収録。
48. 鏡図形	鏡で左右反転させた時の見え方を考えます。平面図形から立体図形、文字、絵まで。
49. しりとり	すべての学習の基礎となる「言葉」を学ぶこと、特に「語彙」を増やすことに重点をおき、さまざまなタイプの「しりとり」問題を集めました。
50. 観覧車	観覧車やメリーゴーラウンドなどを舞台にした「回転系列」の問題集。「推理思考」分野の問題ですが、要素として「図形」や「数量」も含みます。
51. 運筆①	鉛筆の持ち方を学び、点線なぞり、お手本を見ながらの模写で、線を引く練習をします。
52. 運筆②	運筆①からさらに発展し、「欠所補完」や「迷路」などを楽しみながら、より複雑な鉛筆運びを習得することを目指します。
53. 四方からの観察 積み木編	積み木を使用した「四方からの観察」に関する問題を練習できるように構成。
54. 図形の構成	見本の図形がどのような部分によって形づくられているかを考えます。
55. 理科②	理科的知識に関する問題を集中して練習する「常識」分野の問題集。
56. マナーとルール	道路や駅、公共の場でのマナー、安全や衛生に関する常識を学べるように構成。
57. 置き換え	さまざまな具体的・抽象的事象を記号で表す「置き換え」の問題を扱います。
58. 比較②	長さ・高さ・体積・数などを数学的な知識を使わず、論理的に推測する「比較」の問題を練習できるように構成。
59. 欠所補完	線と線のつながり、欠けた絵に当てはまるものなどを求める「欠所補完」に取り組める問題集です。
60. 言葉の音（おん）	しりとり、決まった順番の音をつなげるなど、「言葉の音」に関する問題に取り組める練習問題集です。

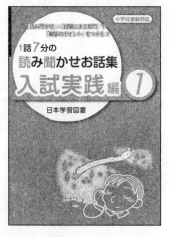

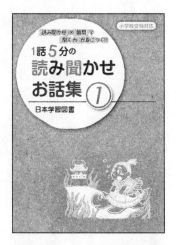

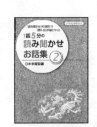

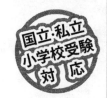

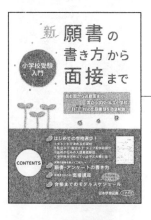

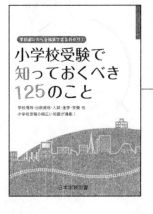

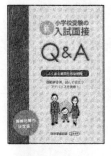

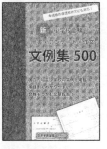

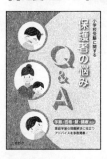

家庭学習をトータルサポート！ ニチガクのオリジナル 効果的 学習法

1 まずはアドバイスページを読む！

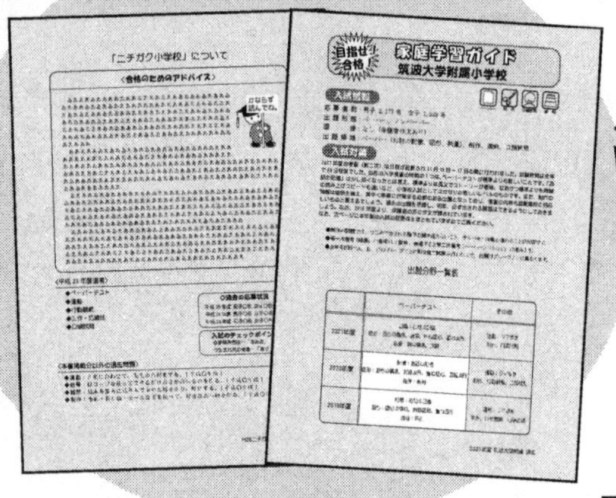

ピンク色です

対策や試験ポイントがぎっしりつまった「家庭学習ガイド」。分野アイコンで、試験の傾向をおさえよう！

過去問のこだわり

最新問題は問題ページ、イラストページ、解答・解説ページが独立しており、お子さまにすぐに取り掛かっていただける作りになっています。
ニチガクの学校別問題集ならではの、学習法を含めたアドバイスを利用して効率のよい家庭学習を進めてください。

各問題のジャンル

問題7 分野：図形（図形の構成） Aグループ男子

〈解答〉 下図参照

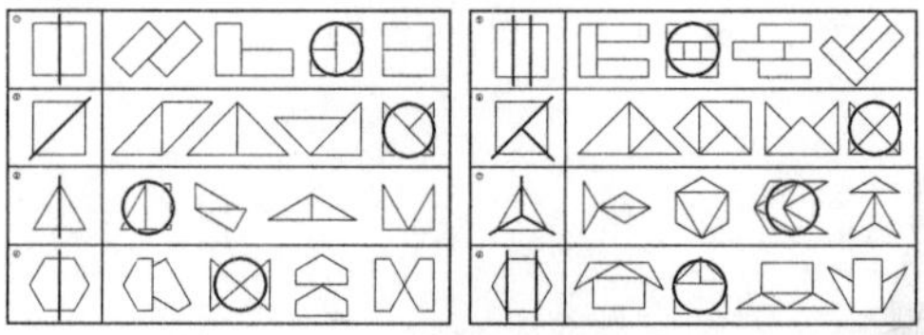

図形の構成の問題です。解答時間が圧倒的に短いので、直感的に答えないと全問答えることはできないでしょう。例年ほど難しい問題ではないので、ある程度準備をしたお子さまなら可能のはずです。注意すべきなのはケアレスミスで、「できないものはどれですか」と聞かれているのに、できるものに○をしたりしてはおしまいです。こういった問題では基礎とも言える問題なので、もしわからなかった場合は基礎問題を分野別の問題集などでおさらいしておきましょう。

【おすすめ問題集】
★筑波大附属小学校図形攻略問題集①②★（書店では販売しておりません）
Jr・ウォッチャー9「合成」、54「図形の構成」

2 問題をすべて読み、出題傾向を把握する

3 「学習のポイント」で学校側の観点や問題の解説を熟読

4 はじめて過去問題にチャレンジ！

5 プラスα 対策問題集や類題で力を付ける

学習のポイント

各問題の解説や学校の観点、指導のポイントなどを教えます。
今日から保護者の方が家庭学習の先生に！

おすすめ対策問題集

分野ごとに対策問題集をご紹介。苦手分野の克服に最適です！
＊専用注文書付き。

2022年度版 日出学園小学校 過去問題集

発行日 2021年7月7日
発行所 〒162-0821 東京都新宿区津久戸町 3-11-9F
日本学習図書株式会社
電 話 03-5261-8951 ㈹

ISBN978-4-7761-5360-3

C6037 ¥2000E

定価 2,200 円
(本体 2,000 円 + 税 10%)

9784776153603

1926037020004

詳細は http://www.nichigaku.jp 日本学習図書 検索